KB252742

아들아,
시간을 낭비하기에는
인생이 너무 짧다

아들아,
시간을 낭비하기에는
인생이 너무 짧다

필립 체스터필드 지음 · 최한결 편역

N넥스웍

아들에게 전하는 말

아들아, 이 편지들은 너를 가르치기 위해 쓰인 것이 아니다. 이미 너는 충분히 배우고 있고, 스스로 생각할 줄 아는 나이가 되었다. 다만 나는 네가 세상을 살아가며 불필요하게 상처받지 않기를, 쓸데없는 시행착오로 시간을 허비하지 않기를 바랄 뿐이다.

세상은 생각보다 단순하지 않다. 선한 마음만으로는 버티기 어렵고, 능력만으로는 오래가지 못한다. 지혜가 필요하고, 태도가 필요하며, 사람의 마음을 이해하는 힘이 필요하다. 이 글들은 바로 그 지점에서 너에게 건네는 작은 등불과도 같다.

나는 너에게 영웅이 되라고 말하지 않는다. 다만 어떤 자리에서도 품위를 잃지 않는 사람이 되기를 바란다. 강인하되 거칠지 않고, 부드럽되 흔들리지 않으며, 말수는 적어도 신뢰는 두터운 사람 말이다. 세상을 이기는 사람이 아니라, 세상과 함께 살아갈 줄 아는 사람이 되기를 바란다.

이 글 속에는 정답이 없다. 대신 방향은 있다. 너의 판단으로 취할 것은 취하고, 버릴 것은 버려라. 그리고 언젠가 이 편지들을 다시 펼쳐 보게 될 날이 온다면, 그때의 너는 이미 이 글을 넘어선 사람이 되어 있기를 바란다. 그보다 더 바라는 일은 없다.

이 글들은 한 아버지가 아들에게 남긴 편지에서 시작되었다. 시대는 18세기였지만, 그 안에 담긴 고민과 조언은 놀랍도록 오늘과 닮아 있다. 사람을 대하는 태도, 말과 침묵의 균형, 감정을 다스리는 법, 그리고 세상을 살아가기 위해 필요한 품위와 강인함까지. 세월이 흘러도 인간의 본질은 크게 달라지지 않는다는 사실을 이 글들은 조용히 증명한다.

나는 이 방대한 글들 가운데, 지금 막 사회로 나아가는 이들에게 꼭 필요하다고 생각되는 부분만을 골라 엮었다. 모든 문장을 옮기기보다, 지금의 언어로 다시 읽히기를 바랐고, 삶의 태도로 남기를 바랐다. 이 책이 성공을 약속해 주지는 않을 것이다. 다만 쉽게 무너지지 않는 사람이 되는 데에는 분명 도움이 될 것이다.

이 책을 덮는 순간보다, 다시 펼쳐 드는 순간이 오기를 바란다. 인생의 어느 갈림길에서든, 이 글들이 조용한 기준점이 되어 준다면 그것으로 충분하다.

— 최한결

목차

제3장
성공적인 삶을 위한 마음가짐

제4장
성공을 위한 삶의 태도

제5장
나만의 뚜렷한 주관을 가져라

제8장
사람의 마음을 얻는 법을 배워라

아들에게 전하는 최고의 교훈

제1장

사랑하는
아들에게

1
시간의 진정한 가치를 아는 자만이
인생을 안다

아들아, 지금부터 하는 이야기를 다른 어떤 말보다 마음 깊이 새겨 두었으면 한다. 이 말은 네 인생 전반에 걸쳐 큰 힘이 될 것이다. 바로 시간이 얼마나 가치 있는 것인지, 그리고 그 시간을 어떻게 써야 하는지에 대한 이야기다.

사람들은 누구나 쉽게 "시간은 소중하다."라고 말한다. 그러나 주변을 찬찬히 살펴보면 실제로 시간을 소중하게 사용하는 사람은 그리 많지 않다. 오히려 중요하지 않은 일에 시간을 가볍게 흘려보내면서도, '시간은 참 빠르다.'라거나 '눈 깜짝할 사이에 세월이 간다.'라는 말로 스스로를 위로하곤 하지.

이 세상에는 시간에 관한 격언이 셀 수 없이 많다. 입에 담기에는 그만큼 쉽고 익숙한 말들이다. 유럽 곳곳의 해시계에는 이런 문구가 새겨져 있다고 한다.

"시간을 낭비하지 않고 제대로 사용하는 것이 얼마나 중요한지, 그리고 한 번 지나간 시간은 다시 돌아오지 않는다는 사실을 모두가 알고 있다. 그럼에도 자신의 시간을 낭비하지 않는 사람은 거의 없다."

그래, 시간의 중요성은 아무리 말해도 지나치지 않다. 그런 의미에서 나는 늘 너의 태도를 유심히 지켜보았다. 다행히도 너는 시간의 소중함을 비교적 잘 알고 있는 듯 보였다. 시간을 귀하게 여길 줄 아느냐, 그렇지 않으냐에 따라 한 사람의 인생은 하늘과 땅만큼 달라진다. 그래서 시간에 대한 올바른 생각과 태도를 지니는 일은 인생에서 무엇보다 중요하다.

어떻게 하면 시간을 잘 쓰는지, 무엇이 시간을 낭비하는 일인지를 여기서 하나하나 열거하지는 않겠다. 다만 네가 앞으로 맞이하게 될 긴 인생의 초입에서, 특히 다가올 2년이라는 시간만큼은 어떻게 사용해야 할지에 대해 몇 가지 꼭 전하고 싶은 말이 있구나.

2
지식의 기반을 다져야 한다

아들아, 사회에 첫발을 내딛기 전까지는 무엇보다 지식의 기반을 다지는 일에 힘써야 한다. 그렇지 않으면 네가 바라는 모습대로 인생을 살아가기가 쉽지 않을 것이다. 젊은 시절에 쌓은 지식은 시간이 흐를수록 삶의 무기가 되기도 하고, 때로는 마음이 쉬어 갈 수 있는 휴식처이자 피난처가 되기도 한다.

나는 퇴직한 지금도 여전히 책을 가까이하며 살아가고 있다. 이렇게 방해받지 않고 독서의 즐거움에 몰입할 수 있는 것도 돌이켜보면 네 나이 무렵, 나름의 신념을 가지고 공부했던 덕분인 것 같다. 물론 그때 조금 더 성실했다면 지금의 만족은 더 컸을지도 모르겠다. 그럼에도 세상의 속박에서 벗어나 자유로운 마음으로 책을 읽으며 평온을 누릴 수 있다는 사실은 참으로 값지다. 젊은 시절에 어느 정도 지식을 쌓아 두었던 것이 얼마나 다행인지 새삼 느낀다.

그렇다고 놀았던 시간이 모두 헛되었다는 뜻은 아니다. 놀이는 모든 젊은이가 자연스럽게 품는 욕구이며, 때로는 삶의 의욕을 되살려 주기도 한다. 나 역시 네 나이 때 마음껏 놀았다. 만약 그 시절에 전혀 놀아보지 못했다면, 놀이라는 것 자체를 잘못 판단하며 살아갔을지도 모른다. 사람은 경험해 보지 못한 일에 괜한 미련을 품기 마련이니까. 다행히 나는 충분히 놀아보았고, 그 덕분에 미련이나 후회 없이 지금의 삶을 받아들일 수 있다.

나는 일하는 것에도, 노는 것에도 나름 능했다. 지금 돌아보면 그것 자체로는 잘한 선택이었다. 다만 한 가지 아쉬움이 있다면, 젊은 시절 미래에 대해 진지하게 고민하지 않은 채 시간을 다소 나태하게 흘려보냈다는 점이다. 열심히 일한 것도, 마음껏 논 것도 모두 소중한 경험이 되었지만, 뚜렷한 방향 없이 흘려보낸 시간은 여전히 아쉬움으로 남는다.

그래서 더 강조하고 싶다. 네 인생에서 앞으로의 2년은 매우 중요하다. 이 시간을 어떻게 보내느냐에 따라 이후 수십 년의 삶은 전혀 다른 모습이 될 것이다. 이 시기를 아무 생각 없이 흘려보낸다면, 정말로 하고 싶은 일을 위해 필요한 지식도, 인격도, 사람과의 관계를 쌓을 기회도 놓치게 된다. 반대로 어떤 미래를 살고 싶은지 진지하게 고민하고, 그 꿈을 위해 이 시간을 성실히 사용한다면, 어느 순간 네가 그리던 모습에 한층 가까워져 있음을 깨닫게 될 것이다.

그러니 앞으로의 2년 동안은 학문의 기초를 단단히 다져라. 기반만 제대로 갖춰 놓으면, 이후에는 언제든 원할 때 원하는 만큼의 지식을 쌓을 수 있다. 다시 말해, 스스로 생각하는 힘, 사물을 바라보는 눈, 사건을 해석하는 시각, 옳고 그름을 판단하고 비판할 수 있는 능력을 이 시기에 길러야 한다는 뜻이다.

젊을 때 이런 기초를 닦아두지 못하면, 정작 지식이 절실해지는 시기에 기본부터 다시 붙잡고 허둥대게 된다. 이미 늦어버린 셈이지. 글자를 읽지 못하면 물리학을 이해할 수 없듯, 학문에는 반드시 기초가 필요하다. 읽고, 생각하고, 이해하는 힘이 쌓여야 비로소 더 넓은 지식으로 나아갈 수 있다.

네가 사회에 나간 뒤에는 지금처럼 책을 많이 읽으라고 말하지 않겠다. 현실적으로 사회인이 되면 그런 여유는 거의 없기 때문이다. 설령 시간이 있다 해도, 지금처럼 지식에 온전히 몰두하기는 어렵다. 그러니 지금이야말로 네 인생에서 가장 좋은 면학의 시기다. 아무런 방해 없이 마음껏 배우고 축적할 수 있는 시간은 다시 오지 않는다.

물론 나이가 들어서도 배우는 사람은 있다. 하지만 그때는 가정, 책임, 사회적 위치, 나이에 대한 부담까지 함께 짊어져야 한다. 지금의 너와는 조건이 전혀 다르다. 그러니 배우기에 가장 적합한 시기가 바로 지금이라는 사실을 잊지 말아라.

책상 앞에 오래 앉아 있다 보면 짜증이 날 때도 있겠지. 그럴 때는 이렇게 생각해라.

'인생에서 언젠가는 반드시 통과해야 할 과정이다. 젊어서 통과하

느냐, 나중에 통과하느냐의 차이일 뿐이다.'

지금 견뎌내는 만큼, 네 인생의 목표에도 그만큼 빨리 다가갈 수 있다.

이 배움의 시기를 얼마나 빨리 통과하느냐는 전적으로 네가 시간을 어떻게 쓰느냐에 달려 있다. 사회에 나간 뒤에는 책에만 매달리는 삶이 불가능하다는 사실을 기억해라. 지금 이 시기를 놓친 사람들이 얼마나 간절히 이 나이로 돌아가고 싶어 하는지도 말이다.

배움이 힘들다고 대충 넘기고 사회로 나가고 싶을 때도 있겠지만, 공부는 반드시 거쳐야 할 과정이다. 하루에 한 걸음이라도 더 걷는 사람이 결국 목적지에 먼저 도착한다.

그래서 나는 너에게 이렇게 제안하고 싶다. 네가 사회에 나가기까지 필요한 준비를 하는 데 최선을 다한다면, 나는 네가 꿈을 이루는 그날까지 함께하며 도움을 아끼지 않겠다. 네 꿈이 무엇이든 상관없다. 정치가가 되든, 학자가 되든, 작가나 예술가가 되든, 목적지를 향해 달리기 위해 지금 네게 필요한 것은 걷는 법을 배우는 것이다. 그러니 지금 이 시기에, 학문의 기초를 다지는 데 최선을 다해라.

시간의 참된 가치를 알아야 한다.

그것을 붙잡아라.

붙잡은 시간을 흘려보내지 말고, 억류하라.

그리고 그 순간순간을 온전히 살아라.

게을리하지 말며, 해이해지지 말고, 망설이지도 마라.

오늘 할 수 있는 일을 내일로 미루지 마라.

-체스터필드

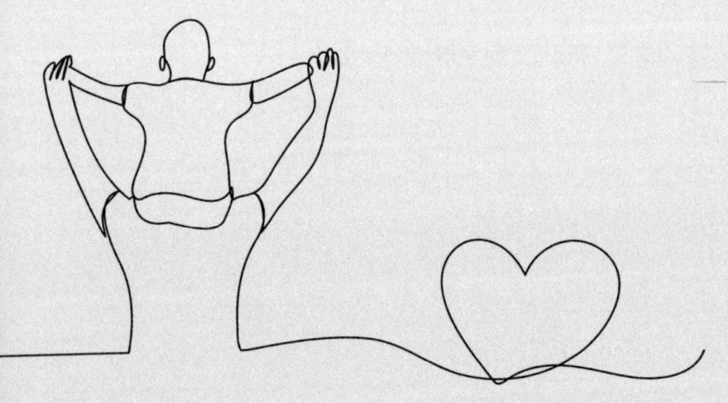

3
자기 계발을 위한 노력은
아무리 해도 지나치지 않다

아들아, 네 나이 때에는 무리하게 운동하지 않아도 충분히 건강을 유지할 수 있다. 적당히 절제만 한다면 말이다. 그러나 두뇌는 그렇지 않다. 두뇌는 사용하지 않으면 빠르게 둔해지고, 단련하지 않으면 쉽게 흐트러진다. 그래서 특히 지금 이 시기에는 평소부터 스스로를 절제하고 관리하려는 노력이 필요하다.

물론 머리를 쉬게 하는 취미나 운동도 중요하다. 그러나 더 중요한 것은 지금 이 시간을 어떻게 활용하느냐다. 이 시기의 습관과 태도가 앞으로 네 두뇌의 활동 수준을 결정한다. 명석하고 건강한 두뇌는 저절로 만들어지지 않는다. 반드시 훈련이 필요하다.

훈련된 두뇌와 그렇지 않은 두뇌의 차이는 생각보다 훨씬 크다. 같은 상황을 마주해도 이해하는 깊이, 판단하는 속도, 문제를 해결하는 방식이 전혀 다르다. 그러니 너 역시 자신의 두뇌를 단련하는 데 시간과 노력을 아끼지 말아야 한다.

물론 특별한 훈련 없이도 뛰어난 재능을 타고나는 사람이 간혹 있기는 하다. 하지만 그런 경우는 매우 드물다. 요행을 기대하며 기다리기에는 인생이 너무 길고, 동시에 너무 짧다. 만약 천부적인 재능에 꾸준한 훈련까지 더해진다면 그 결과가 어떻겠니? 그러니 늦기 전에, 지금 이 순간부터 지식을 쌓는 노력을 게을리하지 말아라.

이제 네 자신을 한번 냉정하게 돌아보아라. 지금의 너에게는 아직 확고한 지위도, 넉넉한 재산도 없다. 나 역시 평생 네 곁에서 버팀목이 되어 줄 수는 없다. 네가 사회에 나설 즈음이면, 나 또한 이미 물러난 뒤일 것이다. 그때 네가 의지할 수 있는 것은 무엇이겠니? 결국 너 자신의 능력뿐이다.

살다 보면 이런 말을 하는 사람들을 자주 만나게 된다.

"나는 원래 능력이 있었는데 기회를 못 만났어요."
"환경만 조금 달랐다면 나도 성공했을 텐데요."
"운이 없어서 여기까지밖에 못 왔어요."

하지만 내가 살아오며 본 바로는 대부분 그렇지 않다. 진정으로 자기 자신을 갈고닦은 사람은 어떤 환경에서도 결국 자신의 자리를 만들어 낸다. 반대로 스스로를 단련하지 않은 사람은 좋은 환경에서도 제자리에 머무를 뿐이다. 자기 향상을 위해 꾸준히 노력하는 사람은, 어떤 역경 속에서도 반드시 성과를 거둔다.

그러니 기억해라. 자기 계발은 선택이 아니라 필수다. 그리고 그 출발점은 바로 지금, 이 시기다.

4
자신을 성장시키는 세 가지 요소

아들아, 내가 말하는 '특출한 사람'이란 단순히 재능이 뛰어난 사람을 뜻하지 않는다. 지식과 식견, 그리고 매너를 고루 갖춘 사람을 말한다. 이 세 가지가 균형을 이룰 때 비로소 사람은 오래도록 빛난다.

먼저 지식이다. 어떤 목표를 품고 살아가든, 그 목표를 뒷받침할 지식은 반드시 몸에 익혀 두어야 한다. 지식이 부족하면 선택의 폭이 좁아지고, 인생의 방향도 쉽게 흔들린다. 그래서 젊을 때부터 배움을 게을리하지 말아야 한다.

하지만 지식만으로는 충분하지 않다. 지식을 제대로 쓰기 위해서는 식견이 필요하다. 식견이란 사물을 분별하는 눈이며, 옳고 그름을 가려내는 힘이다. 아무리 많은 지식을 쌓아도 식견이 없으면 남의 말에 쉽게 휘둘리고, 잘못된 길로 빠지기 쉽다. 그런 사람은 결국 지식을 헛되이 쌓은 셈이 된다. 젊은 시절에는 똑똑해 보였지만, 식견이 부족해 중년 이후 초라해지는 사람을 나는 적지 않게 보아 왔다.

마지막은 매너다. 어쩌면 이 세 가지 중 가장 사소해 보일지도 모른다. 그러나 특출한 사람이 되기 위해서는 결코 빼놓을 수 없는 요소다. 매너에 따라 지식과 식견은 더욱 빛나기도 하고, 반대로 흐려지기도 한다. 사람의 마음을 움직이는 힘은 때로 지식이나 식견보다 매너에서 나온다. 상대를 배려하고 존중하는 태도를 지닌 사람에게 사람들은 자연스럽게 마음을 연다. 그래서 매너가 좋은 사람의 주변에는 늘 사람들이 모여든다.

정리해 보자. 지식은 배움과 관련된 것이고, 식견은 그 배움을 제대로 활용하는 지혜와 관련된다. 그리고 매너는 사람과 사람 사이의 관계에 관한 문제다. 이 관계는 네 삶의 방향과 깊이에 지대한 영향을 미친다.

기회가 있을 때마다 내가 전해온 이야기들, 그리고 앞으로도 써 내려갈 글들에 귀를 기울여라. 그것들은 내가 살아오며 수많은 경험 속에서 얻어낸 소중한 지혜의 조각들이다. 무엇보다도 너를 향한 나의 애정이 담긴 말들이다. 나는 아들이 아닌 다른 사람에게는 이렇게까지 말해 줄 수 없을 것이다.

지금은 이해되지 않는 말도 있을지 모른다. 그럴 때에도 한 번 더 생각해 보고, 마음에 담아 두어라. 언젠가는 나의 조언이 결코 헛된 말이 아니었음을 깨닫는 날이 반드시 올 것이다.

행복하게 사는 사람은 대개 노력하는 사람이다.

게으른 사람이 행복하게 지내는 모습을 본 적이 있는가.

수확의 기쁨은 흘린 땀에 정비례한다.

-윌리엄 블레이크

큰 그릇일수록
더 많은 것을
담을 수 있다

1
부단한 노력 없이는
성공할 수 없다

아들아, 오늘은 '태만'에 대해 이야기하고 싶구나. 너도 알다시피 너를 향한 나의 애정은 무조건 감싸주고 넘어가는 종류의 사랑은 아니다. 나는 자식의 결점까지 모두 덮어 주는 것이 진정한 사랑이라고 생각하지 않는다. 오히려 그 반대다. 결점이 보이면 바로잡아 주는 것, 그것이 부모의 책임이라고 믿는다. 그리고 부모가 지적한 점을 고치기 위해 노력하는 것이 자식의 몫이라고 생각한다. 너는 이 말에 어떻게 생각하느냐.

곁에서 지켜본 바로는, 다행히 지금까지 너에게 성격이나 재능면에서 큰 문제는 보이지 않았다. 그러나 한 가지 아쉬운 점이 있다면, 때때로 게으름과 산만함, 그리고 무관심한 태도가 엿보인다는 점이다.

이런 태도는 육체적·정신적으로 이미 기력이 쇠한 노년이라면 이해할 수도 있다. 인생의 황혼기에 이른 사람은 남은 시간을 평온하게 보내고 싶어 하기 때문이다. 그러나 젊은이에게 이런 태도는 결코 용납될 수 없다. 젊다는 것은 그 자체로 가능성이며 책임이다. 젊은 사람은 어떤 일이든 남보다 더 나아지려는 마음으로 임해야 한다. 행동은 민첩해야 하고, 한 번 시작한 일은 끝까지 밀고 나갈 끈기도 필요하다.

로마의 정치가 율리우스 시저는 이런 말을 남겼다.

"무언가를 만들어 내는 훌륭한 행동이 아니라면, 그것은 행동이라 부를 수 없다."

나는 네게서 가끔 젊음 특유의 활기와 긴장감이 부족하다고 느낀다. 활기는 사람을 움직이는 힘이다. 활기가 있어야 주변을 밝게 만들 수 있고, 남들보다 앞서 나가려는 의지도 생긴다. 다시 말해, 누군가에게 존경받는 사람이 되고 싶다면 그만한 정열과 노력을 먼저 보여야 한다.

이것은 변하지 않는 진리다. 남을 기쁘게 하고자 하는 마음이 없이는 결코 남을 기쁘게 할 수 없다. 마찬가지로, 성공을 원하면서 노력하지 않는다는 것은 말이 되지 않는다. 그러니 어떤 일이든 미루지 말고, 활기 있게, 전력을 다해 임하도록 해라. 그 태도 하나만으로도 너는 이미 다른 사람들보다 한 걸음 앞서게 될 것이다.

2
높은 이상을 품고
가치 있는 일의 성취에 힘써라

아들아, 나는 사람이 진심으로 노력한다면 누구나 자신이 마음먹은 바를 이룰 수 있다고 믿는다. 비범한 재능이 없어도 괜찮다. 평범한 능력을 지닌 사람이라도 자신의 가능성을 개발하고 집중하는 힘을 기르기 위해 꾸준히 애쓴다면 충분히 훌륭한 사람이 될 수 있다. 타고난 재능보다 중요한 것은 방향과 태도다.

앞으로 네가 사회에 나가 제 몫을 해내기 위해 지금 해야 할 일은 분명하다. 세상이 어떻게 돌아가는지를 이해하는 것이다. 세계 각국의 정세와 이해관계, 경제의 흐름, 역사와 관습에 이르기까지 폭넓은 지식을 차근차근 쌓아야 한다. 이런 공부는 특별한 재능이 있어야만 가능한 일이 아니다. 보통의 두뇌를 지닌 사람이라면, 다만 조금 더 성실하게 노력하는 것만으로도 충분히 해낼 수 있다. 해야 할 일을 알면서도 실행하지 않는다면, 그것은 능력의 문제가 아니라 태도의 문제다.

　게으른 사람은 끝까지 가지 않는다. 가치 있는 일을 이루는 과정에는 언제나 귀찮음과 어려움이 따른다. 조금만 일이 까다로워지거나 머리가 아프다고 느끼면, 목표에 거의 다다랐음에도 쉽게 포기해 버린다. 그리고는 깊이 파고들지 않은 채, 겉으로 아는 정도의 지식에 만족하고 만다.

　이런 사람들의 공통점이 있다. 실제로 진지하게 도전해 본 경험은 많지 않으면서도, 무슨 일이든 시작하기 전에 먼저 겁을 낸다는 것이다. 애써 노력하기보다는 애초에 불가능하다고 단정해 버린다. 그리고는 자신의 태만을 감추기 위해 "열심히 해 봤지만 안 됐다."라는 말로 스스로를 변호한다.

　그들은 사물을 한 가지 시각으로만 바라보려 한다. 처음 받아들인 인상에만 매달릴 뿐, 다른 관점에서 생각하려 하지 않는다. 결국 깊이 고민하지 않는 것이다. 이런 사람이 통찰력과 집중력을 갖춘 사람과 대화를 나누게 되면, 머지않아 자신의 준비 부족과 게으름이 드러나고 만다. 말은 많아지지만, 내용은 점점 흐트러진다.

　그러니 기억해라. 일이 어렵거나 귀찮게 느껴진다고 해서 처음부터 포기해서는 안 된다. 그럴수록 오히려 한 걸음 더 나아가겠다는 용기가 필요하다. 반드시 이루고야 말겠다는 굳은 마음가짐 없이는 이 세상을 제대로 살아갈 수 없다. 높은 이상을 품고, 가치 있는 일을 끝까지 성취하려는 사람만이 결국 자신이 원하는 삶에 도달하게 된다.

3
전문 분야 이외의
상식을 알아두는 일도 중요하다

아들아, 지식에는 사람마다 필요한 정도가 다른 전문 지식이 있다. 어떤 이는 항해학이나 천문학처럼 깊이 있는 지식이 필요하지만, 너에게 그런 분야의 지식은 개요를 이해하는 수준이면 충분할 것이다. 모든 사람이 모든 분야를 깊이 파고들 필요는 없다.

그러나 직업과 상관없이 누구에게나 반드시 필요한 지식도 있다. 외국어, 역사, 지리, 철학, 논리학, 수사학 같은 것들이다. 너의 경우에는 여기에 더해 유럽 각국의 정치 형태나 군사, 종교에 관한 기본적인 이해도 도움이 될 것이다. 이런 상식이 쌓이면 누구와 만나든 자연스럽게 대화를 나눌 수 있고, 세상을 바라보는 너만의 관점도 생기게 된다.

이처럼 폭넓은 지식 체계를 자신의 것으로 만들기 위해서는 상당한 노력이 필요하다. 처음에는 너무 방대해 보여 쉽게 엄두가 나지 않을 수도 있다. 그러나 한꺼번에 이루려 하지 말고, 한 가지씩 차근차근 꾸준히 쌓아 간다면 결코 불가능한 일은 아니다. 이런 노력은 시간이 흐를수록 반드시 큰 자산으로 돌아온다.

다시 말하지만, 나는 네가 사람들이 흔히 내뱉는 "나는 할 수 없다."라는 변명을 입에 올리지 않기를 바란다. 그리고 너라면 그러지 않으리라 믿는다. 따져 보면, 정신적으로나 육체적으로 사람이 끝내 해내지 못할 일은 그리 많지 않다. 오랫동안 한 가지 일에 집중할 수 없다는 말은, 대부분 자신의 무지나 태만을 스스로 인정하는 말과 다르지 않다.

아들아, 분명히 기억해라. 다른 사람이 해내고 있는 일에 대해 "나는 할 수 없다."라고 말하는 것은 부끄러운 일이며, 동시에 어리석은 일이다. 누군가 이미 하고 있다면, 그 일은 너 역시 노력만 한다면 충분히 해낼 수 있는 일이다.

4
작은 일에 소홀하지 않는 사람이
결국 성공한다

아들아, 세상에는 사소한 일에 매달려 하루하루를 바쁘게 살아가면서도, 정작 무엇이 중요한지 분별하지 못하는 사람들이 있다. 그런 사람들은 가장 집중해야 할 일에 쏟아야 할 시간과 노력을 하찮은 데에 흘려보내고 만다. 중요한 것과 중요하지 않은 것을 가려내지 못하면 삶의 중심은 쉽게 흐트러진다.

이런 태도는 사람을 대하는 모습에서도 드러난다. 누군가를 만나 대화할 때 외모에만 마음을 빼앗겨 그 사람의 인격과 생각을 보지 못한다. 연극을 보러 가서도 내용보다는 무대 장식에만 눈을 빼앗긴다. 정치 이야기를 하면서도 정책의 옳고 그름보다 형식이나 겉모습에만 집착한다. 그래서는 결코 깊이를 가질 수 없다.

그러나 여기서 한 가지 반드시 구분해야 할 점이 있다. 하찮아 보이는 일 가운데서도, 결코 소홀히해서는 안 될 것들이 있다는 사실이다. 그것들은 사람의 호감을 얻고, 관계를 부드럽게 하며, 삶을 풍요롭게 만드는 요소들이다. 훌륭한 사람이 되기 위해 지식과 식견, 태도를 닦듯이, 아무리 사소해 보이는 일이라도 가치가 있다면 몸에 익혀 두는 것이 좋다.

조금이라도 의미가 있다고 판단되는 일이라면, 대충 넘기지 말고 제대로 해내려고 애써라. 그리고 어떤 일을 훌륭하게 성취하기 위해 가장 먼저 필요한 것은 그 일에 주의를 기울이고 정성을 들이는 습관이다. 큰 일과 작은 일을 가리지 않고 성실히 대하는 태도가 결국 사람의 크기를 결정한다.

그래서 나는 너에게 이렇게 권하고 싶다. 예를 들어 춤이나 복장처럼 사소해 보이는 것들에도 관심을 가져라. 요즘에는 춤 또한 젊은이라면 알아두면 좋은 교양으로 여겨진다. 하찮게 보일지라도 배울 가치가 있다면 배워라. 다만 배울 때는 단정하고 바른 마음가짐으로 임해야 한다. 겉보기에 우스꽝스럽다고 해서 가볍게 여기거나 무시해서는 안 된다.

복장도 마찬가지다. 네가 다른 사람을 평가할 때 외모만 보고 판단하지 않는 것이 바람직하듯, 너 또한 외모로 쉽게 판단받지 않도록 단정한 모습을 유지하는 것이 좋다. 사람들은 생각보다 외모를 통해 많은 인상을 받는다. 우리는 모두 옷을 입고 살아간다. 그렇다면 조금 더 신경 써서 단정하게 입고, 상대에게 좋은 인상을 주는 편이 낫지 않겠니?

기억해라. 큰 성공은 언제나 작은 일에 대한 태도에서 시작된다. 사소한 일을 가볍게 여기지 않는 사람만이, 정작 중요한 순간에도 흔들리지 않는다.

5

눈앞에 있는 사물이나 인물에 관심을 가져라

아들아, 흔히 주의가 산만하다는 평을 듣는 사람은 두 가지 중 하나다. 생각이 정리되지 않았거나, 마음이 늘 다른 곳에 가 있어 지금 이 순간에 집중하지 못하는 사람이다. 어느 쪽이든 함께 시간을 보내는 상대에게는 즐거운 사람이 되기 어렵다. 집중하지 못하는 태도는 대부분 예의에서 벗어나기 때문이다.

그런 사람은 어제는 다정하다가도 오늘은 갑자기 냉담해지고, 모두가 대화에 몰입하고 있는데도 혼자 딴생각에 잠겨 어울리지 않는다. 때로는 대화의 흐름과 전혀 상관없이 불쑥 끼어들기도 한다. 이런 모습은 결국 한 가지 일에 마음을 온전히 두지 못하는 데서 비롯된다.

물론 역사 속 위대한 인물들 가운데는 예외도 있다. 뉴턴처럼 주변에 사람이 많아도 오직 사색에만 몰두해 위대한 업적을 남긴 이들도 있었다. 하지만 그런 경우는 극히 드물다. 우리 같은 보통 사람에게 그런 태도는 집중력이 아니라 무례함으로 보이기 쉽다. 괜히 흉내를 냈다가는 지적인 인물로 보이기는커녕, 오히려 주변으로부터 거리감을 만들 뿐이다.

대부분의 사람은 주의가 산만한 사람과 함께 있으면 불쾌함을 느낀다. 왜냐하면 그것은 상대를 존중하지 않는 태도이기 때문이다. 사실상 상대의 존재를 가볍게 여기는 행위와 다르지 않다.

한번 생각해 보아라. 네가 존경하거나 사랑하는 사람을 앞에 두고도 마음이 다른 곳으로 향할 수 있겠니? 그럴 수 없다. 사람은 가치 있다고 여기는 대상 앞에서는 자연스럽게 집중하게 되어 있다. 그리고 명심해라. 어떤 상황에서도 주목할 가치가 없는 사람은 없다.

솔직히 말해 보겠다. 함께 있으면서도 마음이 다른 데 가 있는 사람과의 시간은 공허하다. 그 사람은 말없이 이렇게 말하고 있는 셈이다.

'당신은 지금 내 관심을 받을 만큼 중요한 사람이 아니다.'

이것이 상대에게 얼마나 무례하게 느껴질지 생각해 보아야 한다.

더 큰 문제는, 그런 태도로는 사람을 제대로 관찰할 수도 없고, 배울 수도 없다는 점이다. 상대의 인격, 태도, 말투, 그리고 그 사회의 관습까지, 모두 집중하는 사람만이 얻을 수 있는 것들이다. 아무리 훌륭한 사람들 곁에 있어도, 마음이 흩어져 있다면 결국 아무것도 얻지 못한 채 시간을 흘려보내고 말 것이다.

기억해라. 지금 해야 할 일과 눈앞에 있는 사람에게 마음을 두지 못하는 사람은 큰일을 해낼 수 없고, 좋은 대화의 상대도 될 수 없다.
집중은 능력이기 이전에 태도이며, 상대를 존중한다는 가장 분명한 표
현이다.

6

너무 깊은 사색에 빠지지 않도록 해라

아들아, 나는 네 교육을 위해서라면 비용을 아낄 생각이 전혀 없다. 그 점은 너 역시 잘 알고 있을 것이다. 그러나 그렇다고 해서 너를 위해 이른바 '주의환기인'을 둘 생각은 없다. 주의환기인이 무엇인지에 대해서는 조나단 스위프트의 '걸리버 여행기'를 통해 이미 알고 있겠지.

그 책에 따르면, 라퓨타 사람들 가운데는 늘 깊은 사색에 잠겨 사는 철학자들이 등장한다. 그들은 생각에 빠진 나머지, 누군가가 직접 발성 기관이나 청각 기관을 건드려 주지 않으면 말도 하지 못하고 다른 사람의 말도 들을 수 없다고 한다. 그래서 여유 있는 집에서는 하인 가운데 한 사람을 따로 두어, 그들의 주의를 환기시키는 역할을 맡긴다고 한다.

주의환기인이 없으면 그들은 집 밖으로 나가 다른 사람을 방문하거나 산책조차 할 수 없다. 늘 사색에 잠겨 있기 때문에, 눈꺼풀을 가볍게 건드려 주지 않으면 낭떠러지에서 발을 헛디디거나 기둥에 머리를 부딪힐지도 모른다. 길을 걸을 때에도 사람과 부딪치거나, 엉뚱한 곳을 걷어찰 위험이 항상 따라다닌다.

물론 나는 네가 라퓨타 사람들처럼 사색에 빠져 현실을 잊을 것이라고는 조금도 생각하지 않는다. 오히려 너에게는 사색이 더 필요한 면도 있다. 다만, 생각에만 머물러 현실을 놓치는 사람이 되지는 말라는 뜻이다. 사색은 삶을 깊게 하지만, 지나치면 삶에서 멀어지게 한다.

그러니 명심해라. 생각하되, 현실을 잊지 말고, 사색하되, 지금 이 순간을 놓치지 말아라. 너의 발이 딛고 있는 자리와 눈앞의 사람들, 그리고 지금 해야 할 일을 항상 의식하며 살아가야 한다. 그래야 사색도 너를 성장시키는 힘이 될 수 있다.

사람은 반드시
자기 자신을 아끼는 마음이 있어야
비로소 자신을 이겨낼 수 있고,
자기 자신을 이겨낼 수 있어야
비로소 자신을 완성할 수 있다.

-왕양명

7

상대방의 자존심도
너의 자존심만큼이나 중요하다

아들아, '주의환기인'이 필요할 정도는 아니지만, 너는 때때로 주변 사람들에 대한 주의력이 부족해 보인다. 주의력이 부족하다는 것은 자칫 상대를 가볍게 여기거나 무시하는 태도로 비칠 수 있다. 내가 여러 번 말했지만, 세상에는 함부로 무시해도 될 만큼 하찮은 사람은 없다.

물론 세상에는 다양한 사람이 있다. 어리석은 사람도 있고, 미숙한 사람도 있으며, 똑똑하지 못한 사람도 있을 것이다. 나는 그런 사람들을 존경하라고 말하지는 않겠다. 그러나 그렇다고 해서 그들을 무시해도 된다는 뜻은 아니다. 노골적인 무시는 오히려 자신의 품격을 떨어뜨리는 일이며, 때로는 스스로의 앞길을 막는 결과를 낳기도 한다.

상대방을 좋아하지 않는 감정은 자유다. 하지만 그 감정을 굳이 드러낼 필요까지는 없다. 마음속 생각을 절제하는 것은 비겁함이 아니라, 상황을 읽는 지혜다. 살아가다 보면 지금은 하찮게 보이던 사람이 훗날 너에게 뜻밖의 힘이 되어 줄 수도 있다. 그런데 네가 단 한 번이라도 그 사람을 무시한 기억을 남겼다면, 그 도움은 기대하기 어렵다.

기억해라. 잘못은 용서받을 수 있어도, 모욕은 좀처럼 용서받지 못한다. 사람에게는 누구나 자존심이 있고, 그 자존심은 각자의 마지막 보루다. 그것이 지켜지지 않는 순간, 관계는 회복하기 어려운 균열을 맞는다.

무시는 종종 상대가 숨기고 싶어 하는 약점이나 결점을 건드리는 일로 이어진다. 이것은 매우 괴로운 경험이다. 사람들은 자신의 실수에 대해서는 비교적 솔직할 수 있지만, 약점이나 결점을 드러내는 데에는 극도로 조심스럽다. 그래서 잘못을 지적해 주는 친구는 있어도, 상대의 어리석음을 노골적으로 건드리는 사람은 드물다. 그만큼 자존심에 남는 상처가 깊다는 사실을 모두 알고 있기 때문이다.

어떤 사람이라도 모욕을 당하면 분노할 만큼의 자존심은 지니고 있다. 그러니 평생의 적을 만들고 싶지 않다면, 설령 상대가 모욕을 받아 마땅하다고 느껴지더라도 그것을 겉으로 드러내지는 마라. 자신의 자존심을 지키고 싶다면, 남의 자존심도 지킬 줄 알아야 한다.

누구나 잘못을 저지르지 않는 사람은 없다.

중요한 것은 그 잘못을 고치느냐, 외면하느냐다.

자기의 잘못을 변명하고 합리화하기보다,

곧바로 인정하고 고치며

그 경험을 자신의 자산으로 삼아야 한다.

-논어

8

자신의 가치관으로만
세상을 판단하지 마라

아들아, 네 편지를 읽었다. 네가 로마 가톨릭교회에 대해 어리석다고 느껴지는 이야기를 듣고, 또 그것을 아무 의심 없이 믿는 사람들을 보며 놀랐다는 마음도 충분히 이해한다. 그러나 아무리 잘못된 믿음처럼 보이더라도, 그들이 진심으로 믿고 있다면 결코 비웃거나 책망해서는 안 된다.

분별력이 흐려져 사물을 바르게 보지 못하는 사람들은 조롱의 대상이 아니라 연민의 대상이다. 그들이 웃음거리가 될 만한 일을 일부러 해서 그런 것이 아니기 때문이다. 그러므로 그런 사람을 대할 때에는 비난보다 다정함을, 책망보다 대화를 먼저 떠올리는 것이 옳다. 가능하다면 차분한 대화를 통해 스스로 생각해 볼 기회를 주는 것이 바람직하다. 결코 조롱이나 공개적인 비난으로 대할 일이 아니다.

인간은 누구나 자신이 옳다고 믿는 생각에 따라 행동하며 살아간다. 그런데 상대방의 생각과 행동까지도 반드시 자기와 같아야 한다고 여기는 것은, 상대의 체형이나 모습이 자기와 같아야 한다고 주장하는 것만큼이나 교만한 태도다. 사람은 각자 다른 환경과 경험 속에서 자신만의 기준을 만들어 간다.

누가 진정으로 옳고 그른지를 완전히 아는 존재는 인간이 아니다. 그러므로 자신의 생각과 다르다는 이유만으로 남을 무시하는 것은 어리석은 일이며, 자신의 믿음과 다르다는 이유로 상대를 배척하거나 박해하는 일은 더욱 우스운 일이다.

사람은 자신이 생각할 수 있는 만큼만 생각하고, 믿을 수 있는 만큼만 믿으며 살아간다.

책망받아야 할 대상이 있다면, 그것은 거짓을 알면서도 퍼뜨리는 사람이나 사실을 꾸며내는 사람일 것이다. 그 이야기를 믿게 된 사람들까지 비난하는 것은 정의롭지도, 현명하지도 않다. 지혜로운 사람은 남의 믿음을 비웃는 대신, 왜 그렇게 믿게 되었는지를 먼저 이해하려고 한다.

기억해라. 세상을 바라볼 때 하나의 잣대만 들이대는 순간, 너의 세계는 그만큼 좁아진다. 다른 생각을 인정할 줄 아는 사람이 결국 더 넓은 세상을 살아가게 된다.

9
떳떳하게 살아가겠다는
마음가짐을 가져라

아들아, 거짓말만큼 비열하고 어리석은 행동은 없다. 거짓말은 대개 시기심, 비겁함, 혹은 허영심에서 비롯된다. 그러나 어떤 이유에서 시작되었든, 그 목적이 끝까지 이루어지는 경우는 거의 없다. 아무리 치밀하게 꾸민 거짓말이라 해도, 결국에는 드러나기 마련이기 때문이다.

예를 들어 누군가의 행운이나 인덕을 시샘해 거짓말을 했다고 해보자. 잠시 동안은 상대에게 상처를 줄 수도 있을 것이다. 그러나 시간이 지나면 가장 큰 고통을 받는 쪽은 결국 자기 자신이다. 거짓말이 밝혀지는 순간—대개는 밝혀진다—신뢰와 명예는 한꺼번에 무너진다. 더구나 그 이후에 같은 사람에 대해 무슨 말을 하더라도, 사실이든 아니든 단순한 험담으로 받아들여질 뿐이다.

또 자신의 말이나 행동을 변명하기 위해, 혹은 체면이 손상될까 두려워 거짓말을 하거나 사실을 왜곡하는 경우도 있다. 하지만 그런 사람은 머지않아 깨닫게 된다. 자신을 지키기 위해 했던 거짓말이 오히려 더 큰 수치와 불신을 불러왔다는 사실을 말이다. 그 순간 그는 스스로 자신의 품격을 떨어뜨렸음을 증명하게 된다. 주위 사람들이 그를 그렇게 바라보게 되는 것도 피할 수 없다.

만일 불행하게도 잘못을 저질렀다면, 거짓말로 덮으려 하지 말고 솔직하게 인정하는 것이 떳떳한 태도다. 그것이야말로 속죄하고 용서를 구할 수 있는 유일한 길이다. 잘못이나 무례함을 감추기 위해 변명하고 얼버무리는 행동은 결코 보기 좋지 않다. 오히려 그 사람이 무엇을 두려워하는지, 무엇을 숨기고 있는지를 스스로 드러내는 결과가 된다.

양심과 명예에 상처 입지 않고 살고 싶다면, 한 가지 원칙을 잊지 마라. 거짓말하지 말고, 속이지 말며, 떳떳하게 살아라. 이 말은 평생 가슴에 새겨 두어도 부족하지 않다. 그렇게 사는 것이 인간으로서의 도리이자, 결국은 자신에게 가장 이로운 길이다.

너도 느끼고 있겠지만, 어리석은 사람일수록 거짓말에 쉽게 의지한다. 나 역시 사람을 볼 때, 그가 얼마나 자주 거짓말을 하는지를 통해 그의 인격과 지적 수준을 가늠하곤 한다. 진실을 말할 줄 아는 사람은 그 자체로 이미 강한 사람이다.

마음은 얼굴에 드러난다.

얼굴이 바른 사람에게는

신의와 성실이 가까이 오고,

거짓된 사람에게서는

사람들이 자연스레 멀어진다.

-증자

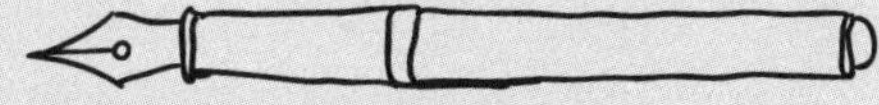

제3장

성공적인 삶을 위한 마음가짐

To my son,
as you Begin

1
오늘 1분을 비웃는 자,
내일 1초에 운다

아들아, 부나 재물을 지혜롭게 사용하는 사람을 찾기란 쉽지 않다. 그러나 시간을 슬기롭게 쓰는 사람을 찾는 일은 그보다 훨씬 더 어렵다. 돈은 잃어도 다시 벌 수 있지만, 시간은 한 번 지나가면 결코 되돌릴 수 없기 때문이다.

나는 네가 이 두 가지를 모두 현명하게 다룰 줄 아는 사람이 되기를 바란다. 그리고 너는 이제 그런 문제를 진지하게 생각하며 살아가야 할 나이에 이르렀다.

젊은 시절에는 시간이 끝없이 많다고 느끼기 쉽다. 하지만 그것은 마치 큰 재산을 무심코 탕진해 버리는 것과 같다. 뒤늦게 깨달았을 때에는 이미 손쓸 수 없을 만큼 사라져 버린 뒤다. 과거 윌리엄 3세와 앤 여왕, 조지 1세 시대에 명성을 떨쳤던 라운즈 재무장관은 생전에 이런 말을 자주 했다고 한다.

"1펜스를 우습게 여기지 마라. 1펜스를 비웃는 자는, 결국 1펜스 때문에 울게 된다."

이 말은 단순한 경고가 아니라 삶의 진실이다. 그는 이 원칙을 끝까지 실천했고, 그 결과 두 손자에게 막대한 재산을 남길 수 있었다. 이 이야기는 돈뿐 아니라 시간에도 그대로 적용된다.

1분을 하찮게 여기는 사람은 결국 그 1분 때문에 후회하게 된다.

그러니 10분이든, 20분이든, 눈앞에 주어진 시간을 함부로 흘려 보내지 마라. 소홀히 여긴 1분이 쌓이면 하루에 많은 시간을 잃게 되고, 그것이 한 달, 일 년으로 이어지면 이미 되돌릴 수 없는 삶의 일부가 되어 버린다. 오늘 무심코 흘려보낸 1분이, 내일의 너를 울릴 수도 있다.

기억해라. 성공적인 삶은 거창한 결심에서 시작되는 것이 아니다. 지금 이 순간, 주어진 시간을 어떻게 대하느냐에서 시작된다.

2
'빈 시간'을 '공백의 시간'으로만
남기지 마라

아들아, 정오에 누군가와 만나기로 약속했다고 해보자. 너는 한 시간쯤 일찍 집을 나서, 그전에 두세 사람을 더 만나겠다는 계획을 세웠다. 그런데 그중 한 사람이 집에 없다면, 너는 어떻게 하겠니? 많은 사람들은 아무 생각 없이 근처 커피숍에 들어가 시간을 보내려 할 것이다.

그러나 나라면 그렇게 하지 않는다. 나는 집으로 돌아가 편지를 쓸 것이다. 그리고 약속 장소로 가는 길에 그 편지를 우체통에 넣는다. 편지를 다 쓰고도 시간이 남는다면, 짧게라도 책을 펼칠 것이다. 다만 이럴 때는 데카르트나 말브랑슈, 로크나 뉴턴처럼 깊은 사색을 요구하는 책보다는, 호라티우스나 브왈로처럼 짧고 지적이며 읽는 재미가 있는 글이 적당하다. 이렇게 시간을 사용하면 적어도 시간을 허비했다는 느낌은 남지 않는다.

세상에는 시간을 낭비하는 사람들이 참으로 많다. 소파에 기대어 하품하며 "무언가를 시작하기에는 시간이 너무 애매해."라고 말한다. 하지만 이런 사람들은 실제로 시간이 충분해도 아무것도 시작하지 않는다. 결국 그들은 아무 일도 하지 않은 채 시간을 흘려보낸다. 공부든 일이든, 이런 태도로는 크게 이루기 어렵다.

아직 네 나이에 한가로이 시간을 흘려보내는 것은 허락되어서는 안 된다. 이제 막 사회에 첫발을 내디딘 젊은이라면, 무엇보다도 근면함과 끈기를 몸에 익혀야 한다. 앞으로 몇 년이 네 인생 전체에서 얼마나 중요한 시기인지 한 번만 진지하게 생각해 본다면, 단 한 순간도 가볍게 넘길 수 없을 것이다.

그렇다고 하루 종일 책상 앞에만 앉아 있으라는 말은 아니다. 나역시 그런 삶을 바라지도 않는다. 다만 중요한 것은 아무것도 하지 않고 시간을 보내지 않는 것이다. 20분, 30분을 대수롭지 않게 여기며 흘려보내다 보면, 그것이 쌓여 결국 큰 손실이 된다.

하루를 돌아보면 공부하는 시간과 쉬는 시간 사이, 혹은 약속과 약속 사이에 짧은 빈 시간이 몇 번은 생긴다. 그럴 때 멍하니 시간을 죽이기보다는, 가까이에 있는 책 한 권이라도 펼쳐 보아라. 가벼운 콩트집이나 짧은 글이라도 좋다. 읽지 않는 것보다는 훨씬 낫다.

기억해라. 빈 시간은 저절로 의미를 갖지 않는다.

네가 어떻게 쓰느냐에 따라, 성장의 시간이 되기도 하고 공백으로 남기도 한다.

3

사소한 시간이라도
활용을 극대화하는 습관을 지녀라

아들아, 내가 아는 사람 가운데는 아주 짧은 시간조차 헛되이 쓰지 않는 사람이 있다. 그는 화장실에 머무는 짧은 시간마저 활용해 고대 로마 시인의 작품을 읽어냈다. 예를 들어 호라티우스를 읽고 싶다면, 그의 시집을 문고판으로 구해 온다. 그리고 화장실에 들어갈 때마다 두 페이지씩 떼어 읽는다. 다 읽은 종이는 그대로 두고 나온다. 이것을 반복하다 보면, 어느새 한 권의 책을 모두 읽게 된다.

이 방법이 다소 극단적으로 느껴질 수도 있겠지만, 분명한 사실 하나는 있다. 사소한 시간을 모으면 결코 사소하지 않은 결과가 나온다는 점이다. 가만히 아무것도 하지 않고 시간을 흘려보내는 것보다는 훨씬 낫지 않겠니? 게다가 이렇게 나누어 읽으면, 책의 내용이 계속 머릿속에 남아 있어 오히려 기억에도 오래 남는다.

물론 어떤 책이나 이런 방식에 적합한 것은 아니다. 앞뒤 맥락을 이어 읽어야 이해할 수 있는 과학서나 난해한 철학서는 적당하지 않을 수도 있다. 그러나 몇 쪽만 읽어도 의미가 분명하고, 생각할 거리를 주는 책은 얼마든지 있다. 중요한 것은 짧은 시간에 맞는 일을 선택하는 지혜다.

이처럼 짧은 시간을 효과적으로 활용하는 습관을 들이면, 시간이 흐른 뒤 스스로 놀라게 될 것이다. 어느새 적지 않은 성취를 이뤄냈다는 사실을 깨닫게 되기 때문이다. 반대로, 짧다는 이유로 아무것도 하지 않고 흘려보낸 시간은 그대로 허송세월이 되고 만다. 그러니 아무리 짧은 순간이라도, 의미 없이 흘려보내지는 말아라.

이 원칙은 공부에만 해당되는 이야기가 아니다. 앞서 말했듯이 놀이는 인간에게 반드시 필요한 시간이다. 사람은 놀이를 통해 성장하고, 꾸밈없는 자신의 모습을 배우게 된다. 그러니 놀 때도 빈둥거리며 시간을 보내지 말고, 놀기로 했다면 온전히 노는 데 집중해라. 집중하지 않는 놀이 또한 시간 낭비에 불과하다.

기억해라.

시간의 길이가 아니라, 시간을 대하는 태도가 삶의 밀도를 결정한다.

사소한 시간을 존중하는 사람이 결국 큰 시간을 지배하게 된다.

4

일을 할 때도
우선순위를 정해라

아들아, 사업이나 사무를 잘 처리하는 데에는 요술 같은 능력이나 특별한 재능이 필요한 것이 아니다. 일의 순서를 알고, 근면함과 분별력을 갖추는 것이면 충분하다. 오히려 재능은 뛰어나지만 질서 없이 일하는 사람보다, 순서를 지켜 꾸준히 일하는 사람이 훨씬 더 많은 일을 해낸다.

이제 사회인으로서 한 걸음을 내디딘 너에게 가장 필요한 습관은 모든 일에 계획을 세우는 것이다. 무엇을 먼저 하고, 무엇을 나중에 할지 순서를 정한 뒤 그에 따라 움직여라. 이것이야말로 일을 능률적으로 완성하는 가장 확실한 방법이다. 어떤 일이든 순서를 정해 두면, 시간이 얼마나 절약되는지, 일이 얼마나 빠르게 진척되는지를 스스로 경험하게 될 것이다.

역사를 돌아보아도 마찬가지다. 영국의 군인이었던 말버러 공작은 단 한 순간도 허비하지 않으면서, 같은 시간에 다른 사람들보다 몇 배의 일을 처리했다. 반면 뉴캐슬 공작이 늘 당황하고 허둥대던 모습은 단순히 일이 많아서가 아니었다. 일에 질서와 순서가 없었기 때문이다.

로버트 월폴 전 총리 역시 남들보다 훨씬 많은 일을 맡았지만, 결코 서두르거나 혼란스러워 보이지 않았다. 그 이유는 분명했다. 그는 일을 시작하기 전에 이미 처리해야 할 순서를 명확히 정해 두었기 때문이다. 아무리 능력이 뛰어난 사람이라도, 우선순위 없이 움직인다면 좋은 결과를 기대할 수 없다.

기억해라. 바쁜 것과 효율적인 것은 전혀 다르다. 우선순위를 정한 사람만이 바쁨 속에서도 성과를 만든다. 일이 많다고 허둥대지 말고, 먼저 해야 할 일을 차분히 가려내는 습관을 길러라. 그것이 곧 일 잘하는 사람의 기본이다.

벼슬하면서 사욕을 채우면

벼슬을 잃었을 때 후회하게 되고,

부유할 때 절약하지 않으면

가난해졌을 때 후회하게 된다.

젊을 때 기예를 배우지 않으면

늙어서 후회하게 되고,

일을 하며 배우지 않으면

필요할 때 후회하게 된다.

술에 취해 함부로 말하면

깨어난 뒤에 후회하고,

몸이 성할 때 쉬지 않으면

병들었을 때 후회하게 된다.

-구래공

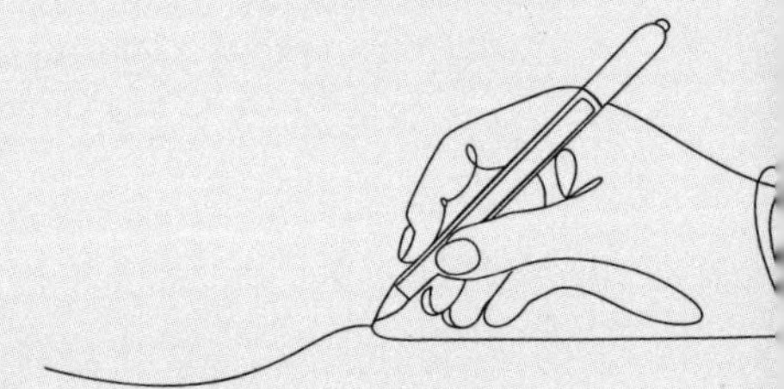

5
자기 자신을
지혜롭게 발전시켜라

아들아, 놀이와 게임은 대부분의 젊은이가 한 번쯤은 부딪히게 되는 암초와 같은 것이 아닐까 생각해 본다. 즐거움을 찾아 돛을 올리고 출항하는 것까지는 좋다. 그러나 정신을 차려 보니 방향을 알려 줄 나침반도 없고, 키를 잡는 법도 모른다면 목적지에 도달할 수 없다. 그렇게 되면 결국 비틀거리며 출발했던 항구로 되돌아오는 것이 고작이다.

이렇게 말한다고 해서 내가 즐거움을 경계하는 금욕주의자라고 생각하지는 마라. 나는 쾌락을 죄악시하며 설교하는 사람이 아니다. 오히려 나는 네가 삶의 즐거움을 충분히 누리기를 바라는 쪽에 가깝다. 다양한 놀이를 경험하고, 마음껏 즐겨도 좋다. 다만 내가 바라는 것은 하나다. 네가 즐거움에 휩쓸려 방향을 잃지 않도록 곁에서 길을 비춰 주고 싶을 뿐이다.

그래서 묻고 싶다. 너는 지금 어떤 일에서 즐거움을 찾고 있느냐. 마음이 맞는 친구와 소액으로 카드놀이를 즐기고 있니? 품위 있고 유쾌한 사람들과 식사를 하며 대화를 나누고 있니? 함께 시간을 보내는 것만으로도 배울 점이 많은 사람들과 교제하려 애쓰고 있니?

나는 네가 나를 친구처럼 여기고, 이런 이야기들을 거리낌 없이 털어놓기를 바란다. 너의 즐거움을 하나하나 간섭할 생각은 전혀 없다. 오히려 나는 인생의 길잡이로서, 놀이와 성장 사이를 잇는 다리가 되어 주고 싶다.

기억해라. 놀이 그 자체가 문제가 되는 일은 거의 없다. 문제는 놀이가 삶의 방향을 대신하게 될 때다. 즐거움은 네 인생을 풍요롭게 해야지, 지배해서는 안 된다. 즐기되 휘둘리지 않는 법, 그것이 바로 자기 자신을 지혜롭게 발전시키는 태도다.

6
무절제한 즐거움에는 빠지기 쉬운
함정이 있다

아들아, 젊은 사람들은 자칫하면 자신의 진짜 기호와는 상관없이, 겉으로 보기에 자극적인 즐거움을 선택하기 쉽다. 심지어 어떤 이들은 무절제야말로 놀이의 본질이라고 착각하기도 한다. 그러나 그것은 즐거움이 아니라, 방향을 잃은 방황에 가깝다.

혹시 너도 그런 생각을 하고 있지는 않겠지. 술이 마음과 몸에 해롭다는 사실을 알면서도, 그저 훌륭한 소일거리쯤으로 여기고 있지는 않은지. 도박이 때로는 빈털터리가 되거나 다툼을 불러온다는 것을 알면서도, 재미있는 놀이의 하나라고 생각하고 있지는 않은지. 무절제한 관계 역시 순간의 쾌락 뒤에 건강과 인생을 위태롭게 할 수 있다는 사실을 가볍게 넘기고 있지는 않은지 스스로 돌아보아라.

내가 지금 말한 것들은 모두 본질적인 가치가 없는 놀이들이다. 그런데도 이런 놀이가 많은 젊은이들의 마음을 쉽게 사로잡는다. 그 이유는 간단하다. 스스로 깊이 생각해 보지 않은 채, 사람들이 오락이라 부르는 것을 그대로 받아들이기 때문이다.

물론 네 나이에 놀이에 끌리는 것은 자연스러운 일이다. 젊음과 즐거움은 잘 어울리는 조합이기도 하다. 그러나 바로 그 점 때문에 더 큰 위험이 따른다. 젊기 때문에, 무엇을 즐길지 선택하는 기준이 흐려지기 쉽고, 잘못된 방향으로 빠져들 가능성도 커진다.

겉으로는 자유롭고 멋있어 보이는 방탕한 삶이 젊은이들에게 매력적으로 보일 수 있다. 하지만 그들이 과연 자신의 종착역을 알고서 그런 삶을 택하고 있는지 생각해 본 적이 있느냐. 악에 물들고 무절제를 반복하는 것이 진정한 자유라고 믿고 있는 것일까.

이와 관련해 오래된 이야기가 하나 있다. 한 젊은이가 몰리에르의 작품을 바탕으로 한 연극 '타락한 방탕자'를 보고 큰 감명을 받았다. 그는 주인공의 방탕한 삶에 매료되어, 자신도 그런 인물이 되겠다고 결심했다. 이를 걱정한 친구들이 "타락한은 빼고, 그냥 방탕한 정도로만 살아도 충분하지 않겠느냐."라고 말리자, 그는 이렇게 대답했다고 한다.

"안 돼. '방탕자'만으로는 부족해. '타락한'이 붙어야 진짜 방탕자야."

어리석은 이야기처럼 들리겠지만, 사실 이것이 많은 젊은이들의 현실이다. 겉모습과 자극에만 사로잡혀, 자신을 돌아볼 틈도 없이 뛰어들다 보면, 결국 연극 속 인물이 아니라 실제 인생에서 타락해 버리고 만다.

　기억해라. 즐거움은 삶을 살찌워야지, 잠식해서는 안 된다. 절제가 없는 쾌락은 결국 너를 즐겁게 하지도, 자유롭게 하지도 않는다. 즐기되, 선택해라. 그것이 젊은 시절을 망치지 않는 유일한 길이다.

7
놀이에도 자기 나름의 목적을 가져라

아들아, 사실 이 이야기는 그다지 하고 싶지 않다. 그러나 혹시라도 네게 도움이 될 수 있다면, 부끄러움을 무릅쓰고 내 젊은 날의 경험을 들려주고자 한다.

그래, 나도 젊은 시절에는 예외가 아니었다. 내 기호와는 상관없이, 남들이 멋있다고 여기는 모습—'놀기 좋아하는 한량'처럼 보이는 것—에 가치를 두고 헤맸던 어리석은 사람이었다. 나는 그럴듯해 보이기 위해 좋아하지도 않는 술을 진탕 마셨다. 숙취에 시달리며 괴로워하면서도 또 마시는, 그 지루한 악순환을 반복했다.

도박도 마찬가지였다. 나는 돈이 궁해서 내기를 한 적은 없었다. 그런데도 도박을 마치 신사의 조건쯤으로 착각했다. 그래서 마음에도 내키지 않으면서 그 세계에 발을 들였고, 결국 인생에서 가장 충실해야 할 긴 시간을 그 일에 끌려다니며 보내고 말았다. 그 결과, 삶이 줄 수 있는 진정한 즐거움을 제대로 누리지 못했다.

지금 돌아보면, 동경하던 인간상에 가까워지기 위해 겉치장에만 매달린 셈이니 참으로 부끄럽고 어리석은 일이었다. 하지만 나는 어느 순간, 그 모든 것을 단호하게 멈추었다. 마음속 깊은 곳에서 떳떳하지 못하다는 느낌이 들었고, 동시에 '이대로 가면 정말로 인생을 잃겠다.'라는 두려움이 밀려왔기 때문이다.

나는 일종의 유행병처럼 겉치레 놀이에 휩쓸렸고, 그 대가로 참된 즐거움을 빼앗겼다. 재산도 줄었고, 건강도 해쳤다. 지금 나는 그 모든 것을 내 몫으로 받아들이며, 겸허하게 반성하고 있다.

이 이야기를 통해 네가 배워야 할 것은 하나다. 즐거움은 선택해야 한다는 사실이다. 놀이에 무작정 휩쓸려서는 안 된다. 다른 사람들이 한다고 해서 너도 반드시 그럴 필요는 없다. 너는 '남'이 아니라 '너'로 살아야 한다.

그러니 먼저, 지금 네가 즐기고 있는 놀이가 무엇인지 하나하나 떠올려 보아라. 그리고 스스로에게 물어라. '이 놀이를 계속하면 나는 어떤 사람이 될까?' '내가 얻는 것은 무엇이고, 잃는 것은 무엇일까?' 그렇게 차분히 따져 본 뒤, 계속할지 멈출지는 너의 현명한 판단에 맡기겠다.

다만 기억해라. 목적 없는 즐거움은 결국 습관이 되고, 습관은 곧 인생이 된다.

그러니 놀더라도, 너만의 기준과 목적을 가져라.

<h1 style="text-align:center">8</h1>

사물의 올바른 판단을 위해
분별력을 길러라

아들아, 만약 내가 지금 네 나이로 돌아가 다시 인생을 살 수 있다면, 나는 무엇보다도 '즐거워 보이는 일'이 아니라 '정말로 즐거운 일'만을 선택할 것이다. 친구와 식사하고, 때로는 술을 마시는 일도 포함된다. 다만 과식과 과음으로 스스로를 괴롭히지 않도록 반드시 절제하겠다.

스무 살이라면 남의 시선을 지나치게 의식하며 살 필요가 없다. 일부러 자신의 방식을 강요하거나, 상대를 비난하여 미움을 살 이유도 없다. 남은 남대로 살게 두어라. 다만 한 가지는 분명히 해라. 자기 건강만큼은 철저히 지켜야 한다. 건강이 무너지면 자유도 즐거움도 모두 흔들린다.

도박에 대해서도 말해 두겠다. 도박은 남들 틈에 끼기 위해 억지로 하는 것이 아니라, 정말로 네가 즐기는 일이라면 '즐기기 위해' 할 수도 있다. 다만 한다면 아주 적은 돈으로, 여러 부류의 친구들과 가볍게 즐기는 정도가 좋다. 내기에 거는 돈만큼은 반드시 신중해야 한다. 이기든 지든 생활에 지장이 없는 범위를 절대 넘지 마라. 그리고 무엇보다, 돈 때문에 이성을 잃거나 다툼을 만드는 일은 금물이다.

독서에도 시간을 남겨 두어라. 분별 있는 교양인과의 대화에도 시간을 써라. 가능하다면 너보다 뛰어난 사람과 어울려라. 그들은 너의 기준을 높이고, 너의 시야를 넓혀 준다.

사교 모임에서도 충분히 교류해 보아라. 대화의 내용이 깊지 않더라도, 함께하며 마음이 맑아지고 기운이 나는 경우가 있다. 또 사람을 대하는 태도와 예절, 분위기와 관계의 감각을 배울 점도 많다. 내가 네 나이로 다시 돌아간다면, 지금 말한 것들을 더 성실히 누리고 싶다. 이것들이야말로 분별 있는 즐거움이며, 어쩌면 진정한 놀이라고 할 수 있지 않겠니?

진정한 즐거움을 아는 사람은 유흥에 쉽게 인생을 맡기지 않는다. 반대로 놀이의 가치를 모르는 사람만이 자극적인 유흥을 '진짜 즐거움'이라 착각한다. 생각해 보아라. 품위 있는 사람이 심하게 취해 자기 몸도 가누지 못하는 사람과 가까이 지내고 싶어 하겠니? 감당하지 못할 돈을 걸고 잃은 뒤 분노를 쏟아내는 사람과 함께하고 싶어 하겠니? 무절제한 생활 끝에 몸과 마음을 망가뜨리고도 부끄러움을 모르는 사람을 좋게 받아들일 수 있겠니?

그럴 리 없다. 양식 있는 사람들은 그런 태도를 결코 반기지 않는다. 분별력을 잃은 즐거움은 곧 추락으로 이어지기 때문이다.

그러니 기억해라. 진정한 놀이를 아는 사람은 품위를 잃지 않는다. 나쁜 것을 본보기로 삼지도 않고, 나쁜 흉내를 내지도 않는다. 아들아, 너는 '진정한 놀이'가 무엇인지 깊이 생각해 보고, 네가 정말로 좋아하는 즐거움이 무엇인지 스스로 올바르게 파악해라. 그래야 헛되이 인생을 허비하는 일이 없을 것이다.

무당이 오직 노래와 춤에만 빠져 있는 것을
'무풍(巫風)'이라 한다.
이와 함께
'음풍(淫風)'과 '난풍(難風)'을 더해
이를 '삼풍(三風)'이라 부른다.
이 삼풍은
한 사람의 삶을 무너뜨릴 뿐 아니라,
가정과 나라까지 망하게 하는
모든 타락의 근본이다.

-서경

9

일의 기쁨을 아는 사람만이
진정한 자기 발전이 가능하다

아들아, 전에도 말했듯이 노는 일은 대단히 중요하다. 너만의 놀이를 찾아 마음껏 즐겨라. 다만 한 가지는 분명히 해 두어야 한다. 남의 흉내를 내서는 안 된다는 것이다. 스스로의 가슴에 손을 얹고 물어보아라. 무엇이 진정으로 즐거운가. 그 질문에 솔직해질 때, 비로소 놀이도 너의 것이 된다.

아무 일에나 쉽게 손을 대는 사람은 진정한 일의 기쁨을 알지 못한다. 깊이 몰두해 한 가지 일을 끝까지 해본 경험이 없는 사람은, 놀이에서도 참된 즐거움을 느끼기 어렵다. 일에 진지하게 몰입해 성취를 아는 사람만이, 놀이에서도 마음 놓고 기쁨을 누릴 수 있다.

그런 의미에서 고대 아테네의 알키비아데스는 흥미로운 인물이다. 그는 방탕한 면모로도 유명했지만, 철학과 공적 활동에는 언제나 충분한 시간을 할애했다. 일과 사색을 놓치지 않았기에, 그의 삶은 단순한 방종으로만 평가되지는 않는다.

시저 역시 마찬가지다. 그는 일과 놀이에 고른 관심을 두어 오히려 상승효과를 만들어 낸 인물이다. 수많은 연애 이야기로 입에 오르내렸지만, 동시에 학자로서도 뛰어났고, 웅변가로서도 당대 최고였으며, 지도자로서도 로마 제일이라는 평가를 받았다. 일의 무게를 알고 있었기에, 놀이에도 휘둘리지 않았다.

그래서 오직 놀기만 하는 인생은 옳지도 않을뿐더러, 실상 아무런 재미도 없다. 평소 진지하게 일에 전념하는 사람만이 마음으로도, 몸으로도 놀이를 제대로 즐길 수 있다. 탐식으로 몸을 망친 사람이나, 술에 찌든 얼굴을 한 사람, 무절제한 쾌락에 빠진 사람은 자신이 하는 일을 진심으로 즐기고 있는 것이 아니다. 그런 삶은 즐거움이 아니라, 다른 이름의 굴레일 뿐이다.

정신의 깊이가 얕은 사람은 쾌락만을 좇다가 품위를 잃기 쉽다. 반대로 정신적으로 성숙한 사람들—굳이 도덕적이라고 부르지 않더라도—그런 사람들과 함께하는 이는 보다 자연스럽고 세련된 놀이에 마음이 끌리게 된다. 양식 있는 사람은 놀이가 목적이 되어서는 안 된다는 사실을 알고 있다.

그들은 안다. 놀이란 삶의 전부가 아니라, 잠시 숨을 고르는 휴식이며, 스스로를 다독이는 위로이며, 성실히 살아온 자신에게 주는 보상일 뿐이라는 것을.

적막함을 즐기는 사람은

흰 구름과 그윽한 돌을 보고도 깊은 진리를 깨닫고,

영화를 좇는 사람은

맑은 노래와 신비한 춤에도 쉽게 싫증을 느끼지 않는다.

그러나 스스로 깨달은 선비는

시끄러움과 고요함,

번영과 쇠퇴에 상관없이

가는 곳마다 마음에 맞지 않는 세상이 없다.

-채근담

10

아침에는 책에서 배우고
저녁에는 사람에게서 배워라

아들아, 일과 놀이의 시간을 분명히 구분해 두는 것은 매우 중요하다. 공부나 일, 지식인이나 명사와 차분히 나누는 대화처럼 집중을 요구하는 일은 아침 시간이 가장 적합하다. 머리가 맑고 마음이 흔들리지 않는 시간대이기 때문이다.

그러나 저녁 식탁에 앉았다면, 그때부터는 휴식의 시간이다. 특별히 긴급한 일이 없다면, 네가 좋아하는 일을 하며 마음껏 즐겨도 좋다. 마음이 맞는 동료와 카드놀이를 해도 좋고, 예절을 갖춘 사람들과 화목한 게임을 즐겨도 무방하다.

연극도 좋고, 음악회도 좋다. 춤과 식사, 즐거운 동료들과의 담소역시 저녁을 풍요롭게 만든다. 매력적인 사람을 바라보며 감탄하는일 또한 인간다운 감정이다. 다만 한 가지 조건은 분명하다. 서로의 품위를 떨어뜨리지 않는 선을 지켜야 한다는 것이다.

이런 방식이야말로 분별 있는 사람이 놀이를 즐기는 태도다. 일과 휴식의 경계를 스스로 정하고, 놀이 역시 자기 기준으로 선택할 수 있다면, 너는 이미 훌륭한 사회인의 길에 들어선 것이다.

아침 시간을 활용해 집중해서 공부를 이어 간다면, 1년 뒤에는 분명 눈에 띄는 지식의 축적이 이루어질 것이다. 반면 저녁에 맺는 친구들과의 교제는, 책에서는 얻을 수 없는 또 하나의 배움을 가져다준다. 아침에는 책에서 배우고, 저녁에는 사람에게서 배운다. 이 원칙을 실천하려면, 하루를 헛되이 보낼 틈이 없다.

나 역시 젊은 시절에는 잘 놀았고, 다양한 부류의 사람들과 폭넓게 교류했다. 그만큼 시간과 정성을 쏟은 사람도 드물 것이다. 때로는 지나친 적도 있었다. 그러나 아무리 늦게 잠자리에 들어도, 다음 날 아침 공부할 시간만큼은 반드시 확보했다. 몸이 크게 아플 때를 제외하고는, 이 습관을 수십 년간 지켜 왔다.

지금 돌아보면, 이것만큼은 정말 잘한 선택이었다고 확신한다. 너도 아침에 일찍 일어나 생산적인 일에 하루의 첫 시간을 쓰는 습관을 갖기를 바란다. 이제는 내가 놀이를 무조건 금하는 완고한 아버지가 아니라는 것을 너도 알았으리라 믿는다. 나는 너에게 나와 똑같이 살라고 말하지 않는다. 이 말들은 명령이 아니라, 아버지이기 전에 한 사람의 인생 선배이자 친구로서 건네는 조언이다.

11

돈의 사용을 통해 배우는
인생의 지혜

아들아, 너도 이제 어른의 반열에 들어섰다. 마침 좋은 기회이니, 앞으로 어떤 기준으로 너에게 돈을 보낼 것인지 분명히 이야기해 두고자 한다. 이 기준을 알면, 너 또한 스스로 계획을 세우는 데 도움이 될 것이다.

나는 공부에 필요한 돈과 사람과의 교제에 필요한 돈만큼은 단 한 푼도 아까워하지 않는다. 공부에 필요한 돈이란, 꼭 필요한 책을 사는 비용과 훌륭한 스승에게 배우는 비용을 말한다. 여기에 여행 중에 가치 있는 사람들과 교류하기 위해 드는 비용 — 숙박비, 교통비, 의류비, 때로는 필요한 고용 비용까지 — 도 포함된다.

사람과의 교제에 필요한 돈 역시 마찬가지다. 물론 여기서 말하는 교제란 지적인 교제를 뜻한다. 예를 들어, 도움이 필요한 사람을 돕는 자선 비용이 그렇다. 다만 이 명목으로 속임을 당해서는 안 된다. 또한 신세를 진 분들에 대한 사례나, 앞으로 관계를 맺어 갈 사람들에게 예의를 갖추기 위한 선물 비용도 여기에 해당한다. 함께 전시나 공연을 보러 가는 비용, 품위 있는 놀이에 드는 비용, 사격과 같은 건전한 활동에 필요한 비용, 예상치 못한 상황에서의 지출 역시 필요할 수 있다.

그러나 내가 결코 돈을 쓰지 않는 경우도 분명히 있다. 시시한 다툼 때문에 발생한 비용, 그리고 게으르게 시간을 죽이기 위해 쓰는 돈이다. 이런 지출은 네 삶에 아무런 도움도 되지 않는다.

현명한 사람은 자기 명예를 손상시키는 데 돈을 쓰지 않고, 자기 삶을 공허하게 만드는 데도 돈을 쓰지 않는다. 돈을 쓰는 기준은 분명하다. 그 지출이 나와 타인에게 유익한가, 지적인 기쁨이나 성장을 가져다주는가 하는 것이다. 현명한 사람은 돈을 시간처럼 다룬다. 단 한 푼도, 단 일 분도 헛되이 쓰지 않는다.

반면 어리석은 사람은 정반대다. 꼭 필요하지 않은 것에는 아낌없이 쓰면서, 정작 필요한 것에는 인색하다. 가게 앞에 진열된 사소한 물건들 ― 별 쓸모도 없는 장식품이나 잡동사니 ― 에 마음을 빼앗긴다. 이런 물건들의 유혹은 생각보다 강하다. 가게 주인과 점원은 그런 심리를 잘 알고 있으며, 어리석은 소비자를 향해 손을 내민다.

정신을 차리고 나면 이미 손에는 쓸모없는 물건들만 가득 쥐어져 있고, 정작 삶에 안정과 휴식을 주는 것은 아무것도 남아 있지 않다. 이것이 무분별한 소비의 끝이다.

그러니 기억해라.

돈은 쓰는 행위 그 자체가 아니라, 쓰는 방향이 인생을 드러낸다.

네 돈이 어디로 가는지를 보면, 네가 어떤 삶을 살고 있는지가 보인다.

12
일찍부터 현명한 금전 철학을
몸에 익혀 두어라

아들아, 돈은 금전 철학 없이 쓰기 시작하면 아무리 많이 가지고 있어도 결국 부족해진다. 반대로 가진 돈이 많지 않더라도, 자기 나름의 기준과 원칙을 세워 조심스럽게 사용한다면 그 효율은 크게 달라진다. 돈의 많고 적음보다 중요한 것은 어떻게 쓰느냐다.

돈은 될 수 있으면 현금으로 직접 지불하는 것이 좋다. 고용인이나 다른 사람을 통하게 되면 불필요한 수수료나 사례금이 붙기 쉽다. 부득이하게 외상으로 지불해야 하는 경우 — 술집이나 맞춤 양복점 같은 곳 — 라도, 매달 반드시 자기 손으로 직접 계산하도록 해라. 돈의 흐름을 몸으로 느끼는 것이 중요하다.

물건을 살 때는 값이 싸다는 이유만으로 필요 없는 것을 사지 마라. 그것은 절약이 아니라 낭비다. 반대로, 꼭 필요하지도 않은데 비싸다는 이유만으로 — 자존심을 만족시키기 위해 — 지갑을 여는 것도 현명하지 못하다. 가격이 아니라 필요가 기준이 되어야 한다.

자기가 산 것과 큰 지출에 대해서는 노트에 기록해 두는 것이 좋다. 돈의 출납을 대략적으로라도 파악하고 있으면, 재정이 무너질 일은 없다. 그렇다고 해서 교통비나 가벼운 문화생활 비용까지 모두 적을 필요는 없다. 그런 지나친 세밀함은 시간만 낭비할 뿐이다.

기록은 돈에만 해당되는 이야기가 아니다. 삶의 모든 영역에서 마찬가지다. 관심을 둘 가치가 있는 것에만 주의를 기울여라. 사소한 것까지 모두 붙잡고 늘어지는 사람은 정작 중요한 것을 놓치기 쉽다. 금전 관리 역시 균형과 분별의 문제다.

기억해라.

돈을 다스리는 태도는 곧 삶을 다스리는 태도다.

일찍부터 현명한 금전 철학을 몸에 익혀 두면, 평생 흔들리지 않는 기반이 될 것이다.

아버지가 근심 없이 지낼 수 있는 것은

자식이 효도하기 때문이고,

남편이 번뇌 없이 지낼 수 있는 것은

아내가 어질기 때문이다.

말이 많아 실수가 잦아지는 것은 술 때문이며,

의가 끊어지고 가까웠던 사이가 멀어지는 것은

대개 돈 때문이다.

-명심보감

성공을 위한 삶의 태도

1
역사에 관심이 있어야
미래를 볼 수 있다

아들아, 프랑스 역사에 대한 네 고찰은 참으로 정곡을 찌른 것이었다. 무엇보다 기뻤던 점은 네가 책을 읽을 때 단순히 내용을 이해하는 데서 멈추지 않고, 그 이면까지 깊이 생각하고 있다는 사실이었다.

세상에는 책을 읽으면서도 스스로 판단하지 않는 사람이 많다. 쓰여 있는 문장을 그대로 머릿속에 쌓아 두기만 하면, 지식은 늘어나는 것처럼 보일지 몰라도 실제로는 잡동사니 창고처럼 어지러워질 뿐이다. 그렇게 쌓인 정보는 필요할 때 꺼내 쓰기 어렵고, 사고의 힘도 자라지 않는다.

그러니 지금처럼 계속해라. 저자의 이름이나 명성만 보고 내용을 그대로 받아들이지 말고, 그 주장이 과연 옳은지, 얼마나 정확한지를 스스로 따져 보아라. 그것이 독서의 진짜 목적이다.

하나의 역사적 사실을 이해할 때에도 한 권의 책에 의존해서는 안 된다. 여러 책을 찾아 비교하고, 그 속에서 공통점과 차이를 가려낸 뒤 스스로의 의견을 가져야 한다. 나는 그 지점까지가 역사라는 학문이 요구하는 태도라고 생각한다. 유감스럽지만, 이른바 '역사적 진실'을 명확히 밝혀내는 일은 결코 쉽지 않다.

역사책을 읽다 보면 사건의 원인이나 동기를 단정적으로 설명하는 경우가 많다. 그러나 그것을 그대로 믿어서는 안 된다. 관련 인물들의 사고방식과 이해관계를 살펴보고, 저자의 해석 외에 다른 가능성은 없는지도 스스로 고민해야 한다. 이때 비굴해 보이거나 사소해 보이는 동기라고 해서 무시해서는 안 된다. 인간은 생각보다 훨씬 복잡한 존재이기 때문이다.

인간의 감정은 쉽게 변하고, 의지는 나약하며, 마음은 몸의 상태에 크게 좌우된다. 사람은 언제나 한결같지 않다. 훌륭한 사람에게도 허술한 면이 있고, 무능해 보이는 사람에게도 뜻밖의 장점이 있다. 아무 쓸모 없어 보이던 인물이 중요한 순간에 결정적인 역할을 하기도 한다. 이것이 바로 인간이다.

그런데 역사적 사건을 해석할 때, 우리는 흔히 고상한 동기를 찾으려는 경향이 있다. 거대한 사건일수록 더 그럴듯한 이유가 있어야 한다고 생각하는 것이다. 그러나 실제로는 진정한 원인이 전혀 다른 곳에 있는 경우도 적지 않다. 어떤 역사가는 평범한 사건에까지 과도한 정치적 의미를 부여하곤 하는데, 이는 인간을 지나치게 단순화한 해석이다.

현명한 사람이 어리석은 선택을 하기도 하고, 어리석은 사람이 뜻밖에 현명한 행동을 하기도 한다. 인간의 동기는 서로 모순된 감정이 뒤섞여 있으며, 그날의 몸 상태와 마음 상태에 따라 쉽게 달라진다. 그런데도 설명하기 편하다는 이유로 하나의 고상한 동기만을 부여하는 것은 올바른 태도가 아니다.

예를 들어 이런 경우를 생각해 보자. 전날 밤 숙면을 취하고, 소화도 잘된 상태에서 맑은 아침을 맞이한 사람은 대담하고 영웅적인 행동을 할 수도 있다. 반대로 잠을 설쳤고 몸 상태도 좋지 않은 날, 게다가 비까지 내린다면 같은 사람이라도 쉽게 위축될 수 있다. 그러므로 인간 행위의 진정한 이유를 완전히 규명하는 일은, 아무리 노력해도 추측의 영역을 벗어나기 어렵다. 우리가 확실히 알 수 있는 것은 결국 어떤 일이 일어났는가라는 사실뿐이다.

시저는 23인의 공모자에 의해 살해되었다. 이것은 분명한 사실이다. 그러나 그들이 정말로 자유와 로마를 사랑했기 때문에 시저를 죽였다고 단정할 수 있을까? 그 이유가 오직 그것 하나뿐이었을까? 만약 진상이 모두 드러난다면, 사건의 핵심 인물이었던 브루투스조차도 자존심, 시기심, 원한, 실망 같은 개인적인 감정들이 복합적으로 작용하지는 않았을까?

역사를 읽는다는 것은 사건을 암기하는 일이 아니다. 인간을 이해하는 훈련이며, 그 이해를 통해 미래를 읽는 연습이다. 그러니 역사를 대할 때마다 단정하지 말고, 질문하고, 의심하고, 스스로 생각해라. 그 힘이 쌓일수록 너는 현재를 더 정확히 보고, 앞으로의 세상도 더 멀리 내다볼 수 있을 것이다.

2

역사는 올바른 판단력과 분석력을 길러준다

아들아, 회의적인 태도로 보자면 역사적 사실 그 자체조차 의심스러울 때가 많다. 적어도 그 사실과 연결된 배경과 해석만큼은 언제나 의심의 눈으로 바라보아야 한다. 우리가 매일 겪는 현실만 떠올려 보아도, 역사가 얼마나 불완전할 수 있는지 쉽게 알 수 있다.

예를 들어 막 일어난 사건 하나를 두고 여러 사람이 증언한다고 해 보자. 그들의 말이 모두 일치하겠니? 그렇지 않을 것이다. 누군가는 착각하고, 누군가는 표현의 뉘앙스를 달리하며, 또 다른 누군가는 자신의 생각에 맞게 사실을 바꾸어 말한다. 시간이 지나 마음이 변해 의도적으로 왜곡하는 사람도 생긴다. 기록을 담당하는 사람 역시 언제나 완전히 공정하다고 보장할 수는 없다.

이런 점을 생각해 보면, 역사학자라고 해서 반드시 객관적이고 공정하게만 기록한다고 믿는 것도 순진한 일이다. 어떤 학자는 자신의 이론을 끝까지 관철하고 싶어 할 수도 있고, 어떤 학자는 단순히 한 장을 빨리 끝내고 싶어 할지도 모른다. 흥미로운 사실은 프랑스 역사서의 각 장 서두에 "이것은 진실이다."라는 문장이 자주 등장한다는 점이다. 하지만 그런 선언이 곧 진실을 보장해 주는 것은 아니다.

그러므로 역사를 읽을 때는 저자의 이름이나 권위에 기대어 옳고 그름을 판단해서는 안 된다. 반드시 스스로 분석하고, 스스로 생각해야 한다. 그것이 역사를 공부하는 진짜 목적이다.

그렇다고 해서 역사를 배울 필요가 없다는 뜻은 아니다. 누구나 인정하는 역사적 사실은 분명 존재하며, 오랫동안 사람들의 입에 오르내리고 책에 기록되어 온 사건들은 반드시 알아두어야 한다. 예컨대 어떤 학자는 시저의 망령이 브루투스 앞에 나타났다고 기록했다. 나는 그런 이야기를 믿지 않는다. 그러나 그런 기록이 존재했고, 그것이 화제가 되었으며 논의의 대상이 되었다는 사실을 모르는 것은 부끄러운 일이다.

이와 비슷하게, 역사학자의 기록이라는 이유만으로 사실처럼 받아들여졌지만 실제로는 누구도 그대로 믿지 않는 이야기들이 적지 않다. 그런 과정을 거쳐 형성된 것이 이교 신학이며, 주피터나 마르스, 아폴로 같은 고대 신들에 관한 이야기다. 우리는 그들이 설령 실존했다 하더라도, 신이 아니라 평범한 인간이었을 가능성이 크다고 생각한다.

아무리 역사에 대해 회의적인 시각을 갖고 있더라도, 사람들이 상식처럼 받아들여 온 이야기들은 제대로 공부할 필요가 있다. 아니, 오히려 그렇기 때문에 더 공부해야 한다. 역사는 인간이 무엇을 믿고, 어떻게 생각해 왔는지를 보여 주는 기록이기 때문이다.

어쩌면 역사는 인간이 살아가는 데 있어 그 어떤 학문보다도 필요한 공부일지 모른다. 역사는 사실을 암기하게 만드는 학문이 아니라, 의심하고 분석하며 판단하는 힘을 기르는 훈련이다. 그 힘이 길러질수록, 너는 세상을 더 정확히 이해하게 되고, 남의 말에 쉽게 흔들리지 않는 사람이 될 것이다.

3
과거의 눈으로
현재를 보아서는 안 된다

아들아, 과거에도 그랬으니 지금도 그럴 것이라고 단정해서는 안 된다. 과거를 거울삼아 현재를 돌아보는 일은 분명 필요하지만, 그 과정에서는 무엇보다 신중함이 요구된다. 과거는 참고가 될 수는 있어도, 현재를 재단하는 잣대가 되어서는 안 된다.

아무리 애써도 과거의 진상을 완벽하게 증명하는 일은 어렵다. 과거의 증언은 현재의 증언보다 훨씬 애매하고, 시간이 멀어질수록 신빙성도 자연히 희미해진다. 남아 있는 기록은 파편적이며, 그것을 남긴 사람의 시선과 이해관계가 섞여 있기 마련이다.

그럼에도 어떤 학자들은 공적인 일과 사적인 일을 가리지 않고, 단지 비슷하다는 이유만으로 과거의 사례를 손쉽게 끌어다 쓴다. 이는 매우 어리석은 태도다. 천지창조 이래, 이 세상에 완전히 동일한 사건이 다시 일어난 적은 한 번도 없었다. 어떤 역사적 사건도 그 전모가 완벽하게 기록된 적은 없다. 그런 기록을 토대로 현재를 단정적으로 설명하려는 시도는 의미가 크지 않다.

그러므로 역사학자가 기록했거나, 옛 시인이 노래했다는 이유만으로 과거의 사례를 그대로 인용해서는 안 된다. 사물 하나하나가 서로 다르듯, 사건 역시 각기 다른 맥락 속에서 일어난다. 비슷한 사례를 참고할 수는 있지만, 판단의 근거로 삼아서는 안 된다. 어디까지나 참고는 참고일 뿐이다.

그렇다고 해서 역사를 공부할 필요가 없다는 뜻은 결코 아니다. 오히려 그 반대다. 다만 역사를 어떻게 공부하느냐가 중요하다. 어떤 사람은 시간과 노력을 아낀다는 이유로 역사적 대사건만 훑고 나머지는 대충 넘긴다. 또 어떤 사람은 중요도를 가리지 않고 모든 사실에 같은 힘을 쏟는다. 나는 이 둘 모두 현명한 방법이라고 생각하지 않는다.

내가 권하고 싶은 방법은 이렇다. 먼저 나라별로 비교적 간단한 역사서를 통해 전체적인 흐름을 파악해라. 그다음, 정복의 변화나 왕조의 교체, 정치 체제의 전환처럼 중요하다고 판단되는 지점을 골라낸다. 그리고 그 지점에 대해서는 논문이나 깊이 있는 저서를 통해 집중적으로 공부하는 것이다. 이때 가장 중요한 것은 통찰력이다. 원인을 따지고, 그 원인이 어떤 결과와 사건으로 이어졌는지를 스스로 생각해야 한다.

프랑스 역사라면, 르장드르의 역사서는 분량은 짧지만 흐름을 파악하는 데 도움이 된다. 그다음에는 메제레이의 역사서를 통해 주요 사건의 의미를 더 깊이 이해할 수 있을 것이다. 이 밖에도 각 시대와 사건을 다룬 전문서나 정치적 관점에서 쓰인 연구서 등 참고할 자료는 얼마든지 있다.

근대사를 공부할 때는 필리프 드 코미느의 회고록을 비롯해 루이 14세 시대에 쓰인 여러 역사서가 도움이 된다. 적절히 골라 읽는다면, 각 시대와 사건을 보다 입체적으로 이해할 수 있을 것이다.

또 한 가지 방법은 사람들과의 대화다. 여러 사람과 교류하며 역사를 화제로 삼아 대화를 나누어 보아라. 설령 역사를 깊이 알지 못하는 사람이라도, 자기 나라의 역사에 대해서는 나름의 생각을 가지고 있기 마련이다. 책에서는 얻을 수 없는 시각과 이야기들이, 이런 대화를 통해 드러나기도 한다.

기억해라. 역사는 과거를 외우기 위한 학문이 아니다.

역사는 현재를 성급히 판단하지 않기 위해 필요한 훈련이며, 미래를 단정하지 않기 위해 기르는 사고의 근력이다. 과거를 참고하되, 과거에 매이지 않는 사람만이 현재를 정확히 보고, 앞으로의 변화를 지혜롭게 맞이할 수 있다.

역사는 단순히 과거의 사실이 아니다.

역사가 가장 강력한 힘을 지니는 이유는

바로 우리 안에 역사가 있고,

우리가 알지 못하는 방식으로

우리를 지배하기 때문이다.

따라서 우리가 하는 모든 일 속에는

언제나 역사가 현존한다.

-제임스 볼드윈

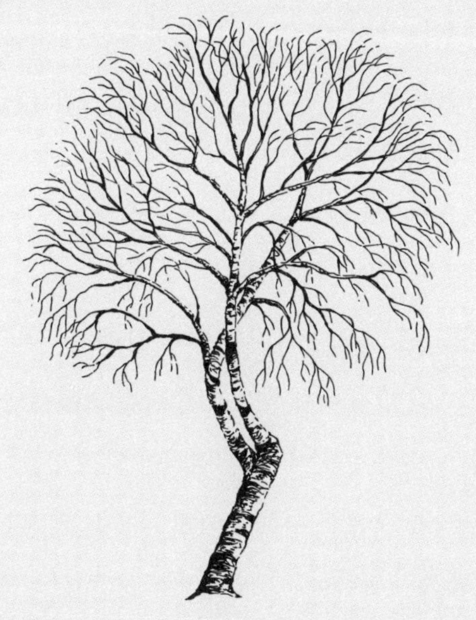

4
책 읽는 습관에서 비롯되는
인생의 지혜

아들아, 인생은 한 권의 책과도 같다. 지금 내가 너에게 권하고 싶은 것은 바로 '인생이라는 책을 읽는 법'이다. 살아가며 사회 속에서 직접 부딪쳐 얻는 지식은, 지금까지 출판된 모든 책을 합친 것보다 더 큰 깨달음을 주기도 한다. 그러므로 훌륭한 사람들과 어울릴 기회가 있다면, 아무리 좋은 책이라도 잠시 덮어 두고 그 자리에 나가는 것이 옳다. 그런 만남은 책 몇 권을 읽는 것보다 훨씬 값진 공부가 되기 때문이다.

그렇다고 해서 책의 가치를 낮게 보라는 뜻은 아니다. 바쁜 일과 오락, 떠들썩한 환경 속에서도 잠시 숨을 고를 수 있는 시간은 누구에게나 있다. 그런 짧은 틈에 책을 펼치는 일은 더없이 좋은 휴식이자 기쁨이다. 문제는 그 짧은 시간을 어떤 책에 쓰느냐다.

먼저, 내용이 빈약하고 따분한 책으로 시간을 흘려보내는 일은 피하는 것이 좋다. 그런 책은 일상에서 특별히 할 말이 없는 저자가, 생각 없이 읽는 독자를 상대로 써 내려간 경우가 많다. 읽고 나면 머릿속에 남는 것도, 삶에 보탬이 되는 것도 거의 없다. 이런 책에 시간을 쓰는 것은 독서가 아니라 시간 낭비에 가깝다.

짧은 시간에 읽을 책일수록 더욱 신중해야 한다. 한 페이지를 읽더라도 생각할 거리를 남기고, 삶에 작은 질문 하나라도 던져 주는 책을 선택해라. 좋은 책은 분량이 아니라 밀도로 구별된다. 얇은 책 한 권이, 두꺼운 책 열 권보다 더 큰 통찰을 주는 경우도 적지 않다.

기억해라. 책은 많이 읽는다고 지혜로워지지 않는다. 제대로 고른 책을, 제대로 읽을 때 인생의 지혜가 쌓인다. 그리고 그 독서 습관은 어느 순간, 너의 생각과 말, 삶의 태도 속에 자연스럽게 스며들게 될 것이다.

하루에 30분씩
독서에 투자해라

아들아, 책을 읽을 때는 정신과 목적을 하나로 모아야 한다. 그리고 네 장래를 생각한다면, 그 목적이 어느 정도 달성될 때까지는 다른 분야의 책에 쉽게 손을 대지 않는 것이 좋다. 독서는 넓히는 일보다 깊이를 만드는 일이 먼저다.

예를 들어 현대사에 관심이 있다면, 그중에서도 중요하고 흥미로운 주제 몇 가지를 골라 시대별로 익히는 방법이 효과적이다. 만약 베스트팔렌 조약을 중심 주제로 삼았다면—현대사의 출발점으로서 매우 타당한 선택이다—그 조약과 관련된 책과 사료에 집중해 보아라. 신뢰할 만한 역사서, 문서, 회고록, 관련 기록을 읽고 서로 비교해 보는 것이다. 이렇게 하면 단편적인 지식이 아니라 구조화된 이해가 쌓인다.

반드시 이런 방식에 몇 시간씩 매달릴 필요는 없다. 다른 방식으로도 시간을 효율적으로 사용할 수 있다면 그것 역시 좋은 방법이다. 다만 독서할 때 동시에 여러 주제를 오가며 읽기보다는, 체계를 세워 단순하게 접근하는 것이 훨씬 효과적이다.

여러 책을 읽다 보면 서로 상반되거나 모순되는 내용을 만날 때도 있을 것이다. 그럴 때는 다른 책을 더 찾아 참고해 보아라. 그러면 오히려 그 지식이 더 오래 기억에 남는다. 어떤 책은 처음 읽을 때는 잘 들어오지 않다가도, 사회적 논쟁이나 화제가 되었을 때 다시 접하면 전혀 다르게 이해되는 경우도 있다. 다른 사람들의 이야기를 함께 듣거나, 관련 자료를 곁들여 읽으면 책만으로는 보이지 않던 맥락이 입체적으로 정리되기도 한다.

가능하다면 답사나 탐방처럼 사건이 일어난 현장을 직접 찾아가 보는 일도 큰 도움이 된다. 현장에서 듣는 이야기와 분위기는, 책 속의 지식을 살아 있는 이해로 바꾸어 준다.

사회인이 된 지금, 독서에 대해 다음 세 가지를 특히 기억해 두기 바란다.

첫째, 독서량에 집착할 필요는 없다. 그보다는 다양한 계층의 사람들과 교류하며 살아 있는 정보를 얻는 일이 더 중요할 수 있다.

둘째, 너에게 직접적인 도움이 되지 않는 책이라면 억지로 끝까지 읽지 않아도 된다.

셋째, 한 가지 주제를 정해 관련된 책을 집중적으로 읽는 습관을 들여라.

　　이 세 가지를 염두에 두고 실천한다면, 하루 30분의 독서만으로도
충분하다. 중요한 것은 시간이 아니라, 방향과 집중이다.

책은 위대한 천재가
인류에게 남긴 유산이며,
아직 태어나지 않은 세대에게 전해지는
가장 값진 선물이다.

-에디슨

6

체험을 통해 얻은 지식이야말로
참된 지식이다

아들아, 이 편지가 네게 닿을 즈음이면 너는 아마 베니스에서 로마로 향할 준비를 하고 있겠지. 지난번 편지에서 하트 씨에게 부탁했던 대로, 로마까지는 아드리아 해를 따라 리미니와 로레토, 앙코나를 거쳐 가는 길이 좋겠다. 어느 도시든 들러볼 가치는 충분하다. 다만 한곳에 오래 머무를 필요까지는 없다. 둘러보고 느끼는 것만으로도 충분하다.

그 지역에는 고대 로마의 유물과 잘 알려진 건축물, 미술품이 많으니 가볍게 지나치지 말고 눈여겨보고 오너라. 겉으로 훑어보는 것만으로도 얻는 것은 있다. 다만 어떤 것들은 더 많은 시간과 주의가 필요하다. 그런 대상은 서두르지 말고 차분히 바라보아야 한다.

요즘 젊은이들은 산만하고 무관심해서, 보아도 보지 않고 들어도 듣지 않는 경우가 많다고들 한다. 수박 겉만 핥듯 건성으로 보고 지나칠 바에는, 차라리 보지 않는 편이 나을지도 모른다. 그런데 네가 보내 준 여행기를 읽어 보니, 너는 여행지 곳곳을 세심하게 관찰하며 스스로 질문을 던지고 있는 듯하더구나. 그것이야말로 참된 여행의 태도다.

여행하면서도 교회의 첨탑이나 시계, 호화로운 저택 같은 겉모습에만 정신이 팔리고, 일정이나 숙소에만 신경 쓴 채 별다른 생각 없이 옮겨 다니는 사람은 결국 아무것도 얻지 못한다. 그런 여행은 이동일 뿐, 배움이 아니다.

반면에, 어디를 가든 그 지역의 정세와 주변 지역과의 관계, 강점과 약점, 교역과 특산물, 정치 형태와 제도까지 유심히 살피는 사람이 있다. 더 나아가 그곳의 훌륭한 사람들과 교류하며, 그 지역만의 풍습과 정서를 이해하려 애쓰는 사람도 있다. 이런 사람은 여행을 통해 책으로는 얻을 수 없는 지식을 쌓게 된다.

언제, 어디서, 무엇을 보든 그것이 지닌 가치를 생각하며 바라보아라. 그러면 너는 자연스럽게 여러 방면에서 식견을 갖추게 될 것이다. 기억해라. 몸으로 보고, 마음으로 느끼며, 스스로 생각한 지식만이 오래 남는다. 체험을 통해 얻은 지식이야말로, 흔들리지 않는 참된 지식이다.

7

여행을 할 때는
호기심 많은 사람이 되어라

아들아, 로마는 인간의 다양한 감정이 수많은 방식으로 표현되어, 마침내 예술로 완성된 도시다. 이런 도시는 쉽게 만날 수 없다. 그러므로 로마에 가서 교황청이나 바티칸 궁전, 판테온만 둘러보고 만족해서는 안 된다. 로마는 겉으로 보는 도시가 아니라, 파고들어야 하는 도시다.

나는 네가 단 1분의 관광을 위해서라도 열흘 동안 정보를 수집하길 바란다. 로마 제국의 본질, 교황 권력의 흥망성쇠, 궁정의 정책과 암투, 추기경들의 책략, 교황 선출을 둘러싼 뒷이야기까지—절대적 권력을 누렸던 로마의 역사와 관련된 것이라면 무엇이든 좋다. 무엇이든 하나쯤은 깊이 파고들어 보아라.

어디를 가든 그 지역의 역사와 현재를 정리해 놓은 안내 책자가 있다. 먼저 그것부터 읽어라. 설령 내용이 다소 부족하더라도, 기본적인 방향을 잡아 주는 데에는 충분하다. 그리고 더 알고 싶은 것이 생기면, 그 지역 사람에게 직접 물어보아라. 모르는 것은 아는 사람에게 묻는 것이 가장 빠르고 정확한 방법이다. 아무리 자세한 안내서라도, 책만으로 모든 것을 이해하기는 어렵다.

영국에도 자기 나라를 자세히 설명한 책이 많고, 프랑스 역시 마찬가지다. 그러나 어느 책이든 정보로서는 불완전하다. 그렇다고 읽을 가치가 없다는 뜻은 아니다. 책은 최소한, 생각해 보지 못했던 질문을 만들어 준다. 그 질문 하나만으로도 충분히 읽을 가치가 있다.

무엇이든 의문이 생기면 주저하지 말고, 그 일에 밝은 사람을 찾아 물어보아라. 군사에 관한 지식이 필요하다면 장교에게 묻는 것이 좋다. 대개 사람들은 자기 직업에 애착을 가지고 있기 때문에, 자신의 일에 관해 이야기하는 것을 꺼리지 않는다. 어떤 모임에서 군인을 만난다면 훈련 방식, 야영 생활, 복장과 보급, 급여와 역할, 검열이나 숙영지에 이르기까지 궁금한 것을 물어보아라.

해군에 대해서도 마찬가지다. 영국은 오래전부터 프랑스 해군과 밀접한 관계를 맺어 왔고, 앞으로도 그럴 가능성이 크다. 미리 알아 두어서 손해 볼 일은 없다. 이처럼 몸으로 익힌 해외의 지식은, 언젠가 너를 돋보이게 하는 자산이 될 것이다.

기억해라. 여행은 이동이 아니라 확장이다.

많이 보는 사람보다, 많이 묻는 사람이 더 많은 것을 얻는다.

여행할 때는 언제나 호기심 많은 사람이 되어라.

여행과 변화를 사랑하는 사람은
생명이 있는 사람이다.

-바그너

나만의
뚜렷한 주관을 가져라

1
사물을 보는 데에는
정확한 판단력이 필요하다

아들아, 사물을 정확하게 판단하기 위해서는 반드시 깊이 생각하는 습관을 몸에 익혀야 한다. 이는 타고나는 능력이 아니라, 의식적으로 길러야 할 태도다.

나 역시 십 대 후반까지는 읽은 책의 내용을 온전히 이해하지 못하면서도, 그저 그대로 받아들이곤 했다. 사람들의 말 또한 옳고 그름을 먼저 따져 보지 않은 채 쉽게 수용했다. 진실을 찾기 위해 시간과 노력을 들이기보다는, 설령 틀리더라도 편한 쪽을 택하는 사고방식에 익숙해져 있었던 것이다. 깊이 사고하는 일은 귀찮았고, 놀기에도 늘 바빴다. 상류 사회의 사고방식에 대해서는 이유 없는 반항심마저 품고 있었다.

그 결과, 나는 분별 있는 생각을 하기보다는 편견에 빠지기 쉬운 사람이 되어 있었다. 스스로는 깨닫지 못했지만, 진리를 추구하기보다 잘못된 생각 속에서 안주하고 있었던 셈이다.

그러나 어느 순간부터 스스로 세상을 바라보는 눈을 기르고, 생각을 키우며, 삶의 뜻을 세우기 시작하자 놀라운 변화가 일어났다. 남들이 말하는 대로, 혹은 주어진 사고방식에 기대어 사물을 보던 때와는 전혀 다른 풍경이 펼쳐졌다. 막연한 힘이나 권위에 의지하던 시절과 달리, 세상은 한결 질서정연하게 보이기 시작했다.

그때 깨달았다. 생각하지 않으면 세상은 혼란스럽고, 생각하기 시작하면 세상은 명확해진다는 사실을 말이다. 정확한 판단력은 정보를 많이 안다고 생기는 것이 아니다. 스스로 질문하고, 의심하고, 끝까지 생각하려는 태도에서 비롯된다.

그러니 기억해라.

나만의 주관을 갖고 싶다면, 먼저 깊이 생각하는 사람부터 되어야 한다.

그 습관이 쌓일수록, 너의 판단은 흔들리지 않는 기준이 될 것이다.

2

독단과 편견은
반드시 경계해야 한다

아들아, 내가 처음 품었던 가장 큰 편견은 고전에 대한 절대적인 믿음이었다. 많은 고전을 읽고, 선생님들에게서 그 가치를 반복해서 배우는 동안 그것은 자연스럽게 형성되었다. 문제는 그것을 지나칠 정도로 신봉했다는 데 있었다. 나는 한때 양식과 양심은 고대 그리스·로마 제국과 함께 이미 사라졌다고 믿었다. 그래서 호메로스와 베르길리우스, 타소 같은 고전 작가들만이 읽을 가치가 있고, 현대의 작품들은 상대적으로 하찮다고 여겼다.

그러나 지금의 나는 다르게 생각한다. 300년 전의 인간이나 지금의 인간이나 본질적으로 다를 바 없다는 사실을 알게 되었기 때문이다. 시대에 따라 생활 방식과 관습은 달라질 수 있지만, 인간의 욕망과 두려움, 어리석음과 지혜는 예나 지금이나 크게 다르지 않다.

흔히 유식한 척하는 교양인은 고전을 숭배하고, 그렇지 않은 사람은 현대의 것들에만 열광한다고 말한다. 그러나 차분히 돌아보면, 고대인에게도 장점과 결점이 있었고 현대인에게도 마찬가지다. 좋은 일과 나쁜 일은 어느 시대에나 공존한다. 나는 이 단순한 사실을 너무 늦게 깨달았다.

사람의 사고와 견해는 쉽게 바뀌지 않는다. 나와 다른 의견을 가진 사람이 있다는 사실도, 그 의견이 반드시 틀렸다고 단정할 수 없다는 점도 당시의 나는 이해하지 못했다. 설령 생각이 다르더라도, 서로를 진지하게 인정하고 이해하려는 태도가 필요하다는 것을 말이다.

그래서 말해 주고 싶다. 편견은 생각보다 훨씬 교묘하고, 그래서 더 위험하다. 편견은 스스로를 현명하다고 착각하게 만들고, 다른 가능성을 보지 못하게 한다. 독단은 주관처럼 보이지만, 사실은 생각을 멈춘 상태에 가깝다.

기억해라.

뚜렷한 주관을 가진 사람과, 독단에 빠진 사람의 차이는 분명하다.

전자는 끊임없이 의심하고 배우지만, 후자는 이미 답을 알고 있다고 믿는다.

3
그럴듯해 보이는 것에
현혹되지 마라

아들아, 네가 특히 유념해 주었으면 하는 것이 있다. 그것은 겉으로는 그럴듯해 보이지만, 사실은 충분히 검토되지 않은 사고방식이다. 이런 생각들은 전혀 어리석어 보이지 않기 때문에 더욱 위험하다. 이해력도 뛰어나고 사고도 건전한 사람들이, 진리를 끝까지 추구하려는 노력을 게을리한 채 집중력과 통찰력이 부족해 그대로 받아들여 온 경우가 적지 않다.

그 대표적인 예가 오래전부터 당연한 진리처럼 반복되어 온 말이다.

"전제정치 아래에서는 예술과 과학이 결코 발전할 수 없다."

과연 그럴까? 자유가 제한된 사회에서는 모든 재능이 함께 봉쇄된다고 단정할 수 있을까? 이 생각은 언뜻 보기에는 매우 설득력 있어 보인다. 그러나 나는 반드시 그렇다고 보지 않는다.

농업과 같은 기술은 정치 체제에 따라 소유권이나 이익이 보장되지 않으면 발전하기 어려울 수도 있다. 하지만 그렇다고 해서 전제정치가 수학자나 천문학자, 웅변가의 재능까지 완전히 억압해 버린다고 말할 수 있을까? 시인이나 연설가가 자신이 원하는 주제를 자유롭게 표현하지는 못할지라도, 정열을 쏟을 대상이나 사유하는 능력 자체까지 빼앗기는 것은 아니다.

이 통념이 반드시 옳지 않다는 사실을 보여 준 이들이 바로 프랑스의 작가들이었다. 코르네유, 라신, 몰리에르, 브왈로, 라 퐁텐 같은 인물들은 루이 14세의 강력한 통치 아래에서 오히려 뛰어난 작품을 남겼다. 이 시기는 흔히 아우구스투스 시대에 비견될 만큼 문학이 꽃피운 시기로 평가받는다. 마찬가지로 로마의 아우구스투스 시대 역시, 시민의 자유가 크게 제한된 상황 속에서 위대한 작가들이 등장했다는 사실을 부정할 수 없다.

다만, 이 말을 오해해서는 안 된다. 나는 결코 전제정치를 옹호하려는 것이 아니다. 독재와 권력에 의한 억압은 내가 가장 경계하는 것이며, 인간의 기본적인 자유를 침해하는 행위는 어떤 이유로도 정당화될 수 없다.

내가 말하고 싶은 것은 이것이다. 어떤 주장이나 통념이 아무리 그럴듯해 보여도, 사실과 사례를 통해 끝까지 검토하지 않으면 진실에 다가갈 수 없다는 점이다. 세상에는 옳은 말처럼 들리지만, 깊이 들여다보면 그렇지 않은 주장들이 얼마든지 있다.

그러니 기억해라.

그럴듯함은 진실의 증거가 아니다.

현명한 사람은 설득력에 끌리지 않고,

끝까지 따져 보고 스스로 판단한다.

4

진정한 자신의 생각을
확고하게 정립해라

아들아, 이야기가 다소 길어졌지만, 그만큼 중요한 내용이기도 하다. 나는 네가 많이 생각하고, 깊이 따지며 사물을 정확히 인식하는 습관을 하루라도 빨리 갖기를 바란다. 그러기 위해 먼저 해야 할 일은, 지금의 네 사고방식을 차분히 점검해 보는 것이다.

이 생각이 정말 내 판단에서 나온 것인지, 아니면 누군가에게 배운 대로 따라 하고 있는 것은 아닌지, 혹시 편견이나 독단에 사로잡혀 있지는 않은지를 스스로에게 묻는 일부터 시작해 보아라.

편견을 걷어낸 뒤에는 여러 사람의 의견을 폭넓게 들어라. 그리고 그중에서 무엇이 옳고 무엇이 그른지 판단하고, 옳지 않다면 어떤 점이 잘못되었는지를 따져 보아라. 그렇게 각각의 생각을 비교하고 종합한 뒤에, 마침내 너 자신의 생각으로 정리하는 것, 그것이 바로 주관을 세우는 과정이다. 이런 훈련은 조금이라도 빨리 시작할수록 좋다.

물론 인간의 판단력이 언제나 옳기만 한 것은 아니다. 누구나 틀릴 수 있다. 그 부족함을 보완해 주는 것이 책이며, 또 사람들과의 교제다. 다른 시대를 살아온 사람들의 사유가 담긴 책은 우리의 시야를 넓혀 주고, 다양한 사람들과의 만남은 생각의 균형을 잡아 준다.

그러나 반드시 기억해라. 책이든 사람이든, 무턱대고 받아들여서는 안 된다. 아무리 훌륭한 책이라도, 아무리 존경받는 사람의 말이라도, 네 생각을 대신해 줄 수는 없다. 모든 것은 한 번 더 생각하고, 한 번 더 걸러야 비로소 너의 것이 된다.

진정한 주관이란, 고집스럽게 자신의 생각만 붙드는 것이 아니다. 끊임없이 의심하고, 배우고, 수정하면서도 끝내는 자기 스스로 납득할 수 있는 생각을 갖는 것이다. 그렇게 다져진 생각만이 흔들리지 않고, 어떤 상황에서도 너를 지켜 줄 것이다.

처음부터 마음속에 의심을 품고

다른 의심을 풀려고 하면

그 판단은 결코 바르기 어렵다.

이미 마음이 편견으로 기울어 있기 때문이다.

사물을 판단할 때에는 먼저

자신의 마음을 고요히 가라앉힌 뒤에야

비로소 올바른 판단이 가능하다.

-순자

5

어떤 상황에서도
흐려지지 않는 판단력을 유지해라

아들아, 어떤 장점이나 덕행에도 반드시 그 이면의 위험이 존재한다. 생각지도 못한 잘못은 대개 바로 그 지점에서 비롯된다. 관대함이 지나치면 응석을 키우고, 절약이 지나치면 인색함이 되며, 용기가 지나치면 만용으로 흐른다. 신중함 역시 지나치면 비겁함으로 보일 수 있다.

그래서 나는 결점이나 부덕을 피하는 데만 신경 쓸 것이 아니라, 장점과 덕을 드러내는 방식에도 주의가 필요하다고 말하고 싶다. 선한 의도와 올바른 가치가 언제나 좋은 결과로 이어지는 것은 아니기 때문이다.

부도덕한 행위는 그 자체로 아름답지 않다. 반면 도덕적인 행위는 처음부터 사람의 마음을 끌어당긴다. 보고, 알고, 가까이할수록 호감을 느끼게 되고, 어느새 스스로도 그 안에 빠져들기 쉽다. 아름다운 것에 마음이 끌리는 것은 인간의 본성이기 때문이다.

바로 이 지점에서 판단력이 필요하다. 도덕적인 행위를 끝까지 도덕적인 것으로 남기기 위해서, 장점을 끝까지 장점으로 지키기 위해서는 스스로를 점검하고 제어할 수 있어야 한다. 선한 마음에 취해 판단이 흐려지는 순간, 덕은 미덕이 아니라 과시나 독선으로 변질될 수 있다.

내가 이 이야기를 꺼낸 이유는, 학식이 있고 장점이 많은 사람이 특히 빠지기 쉬운 함정이 여기에 있기 때문이다. 지식이 많다는 사실도 올바른 판단 없이 드러내면, 어느새 '유식한 척한다.'라는 험담으로 돌아올 수 있다. 의도와는 전혀 다른 평가를 받게 되는 것이다.

앞으로 너 역시 풍부한 지식을 쌓게 될 것이다. 바로 그때를 대비해, 지금부터 이런 함정을 분별하는 눈을 길러 두는 것이 좋다. 판단력이 흐려지지 않는 사람만이, 어떤 상황에서도 자신의 장점을 온전히 지킬 수 있다.

기억해라.

덕은 균형 위에서만 빛나고,

판단력은 절제 속에서 더욱 또렷해진다.

6

지식은 풍부하게,
몸가짐은 겸허하게

아들아, 학식이 풍부한 사람일수록 오히려 남의 의견에 귀를 닫기 쉬운 함정에 빠진다. 스스로의 지식에 대한 확신이 강해질수록, 다른 생각을 가볍게 여기거나 자신의 판단을 당연한 것처럼 밀어붙이기도 한다. 그러나 그런 태도는 결코 좋은 결과를 낳지 않는다. 강요당했다고 느낀 사람은 모욕을 당했다고 생각하고, 마음속에 반감부터 품게 된다. 결국 옳은 말조차 받아들여지지 않는다.

그래서 옛말에 벼는 익을수록 고개를 숙인다고 했다. 학식이 깊어질수록 몸가짐은 더욱 겸허해져야 한다. 자기 생각만 앞세우지 말고, 남의 의견에도 귀를 기울일 줄 알아야 한다. 자신의 지식을 내세워 상대를 누르려 하기보다, 상대의 생각을 존중하며 대화를 이어갈 수 있어야 한다.

지식은 드러내기 위해 쌓는 것이 아니다. 나는 지식을 회중시계에 비유하고 싶다. 필요할 때는 분명 정확한 시간을 알려 주지만, 그렇다고 늘 꺼내 들고 자랑할 필요는 없다. 호주머니 속에 조용히 넣어 두었다가, 누군가 시간을 묻는 순간에만 꺼내 보이면 충분하다. 굳이 묻지도 않는데 시간을 알려 주려 들면, 오히려 불편함을 줄 뿐이다.

진정한 지식인은 많이 아는 사람이 아니라, 언제 말하고 언제 침묵해야 하는지를 아는 사람이다. 지식이 깊을수록 말은 절제되고, 태도는 부드러워진다. 그렇게 쌓인 겸허함이야말로, 네가 가진 지식을 오래 빛나게 해 줄 것이다.

성실함은 하늘의 도요, 성실해지려는 노력은 사람의 도다.
그 성실을 이루는 데에는 다섯 가지가 있다.
첫째, 널리 배우는 것이요
둘째, 자세히 묻는 것이며
셋째, 조심스럽게 생각하는 것이요
넷째, 분명하게 판단하는 것이다.
그러나 이 네 가지를 다 갖추었다 해도,
다섯째인 실천에 이르러야
비로소 그것을 자기 학문이라 할 수 있다.

-중용

7

현실성 없는 학문은
훌륭한 열매를 맺지 못한다

아들아, 오늘 나는 몹시 피곤했다. 정확히 말하자면, 몸이 피곤했다기보다 대화에 지쳤다고 하는 편이 맞겠다. 학식이 풍부하고 겉보기에는 훌륭한 신사로 보이는 한 친척이 찾아와 함께 식사하며 저녁 시간을 보냈기 때문이다. 그런데 안타깝게도 그는 예의도, 대화의 기본도 모르는 이른바 '학자 바보'였다.

흔히 잡담을 근거 없는 시시한 이야기라고 말하지만, 그 사람의 말은 정반대였다. 그의 이야기는 온통 근거와 이론으로만 가득 차 있었다. 나는 오히려 그 점에서 진절머리가 났다. 아마 그는 연구실에 틀어박혀 모든 문제를 오직 머릿속에서만 곱씹으며 자기만의 논리를 완성해 왔을 것이다. 내가 대화의 흐름을 바꾸거나 조금이라도 다른 이야기를 꺼내면, 그는 곧장 눈을 부릅뜨고 흥분하며 자기주장을 펼쳤다.

솔직히 말해 그의 주장 하나하나는 그럴듯했다. 논리도 정연했고,

근거도 충분했다. 그러나 결정적인 결함이 있었다. 그 생각들은 현실과 맞닿아 있지 않았다. 삶의 감각이 빠져 있었던 것이다.

왜 그런지 아느냐? 그는 책은 많이 읽었지만, 사람과 교제하지 않았기 때문이다. 학문에는 깊었으나, 인간에 대해서는 무지했다. 사람의 마음과 감정, 대화의 온도와 리듬을 전혀 이해하지 못하고 있었다.

자기 생각을 말로 풀어내는 모습도 무척 어색했다. 말을 시작하나 싶으면 금세 끊기고, 문장은 끝까지 이어지지 못했다. 태도는 딱딱했고, 몸짓은 전혀 세련되지 못했다. 지식은 넘쳤지만, 그것을 사람에게 전달하는 방법을 알지 못하는 모습이 안쓰럽기까지 했다.

그래서 나는 확신하게 되었다. 현실과 단절된 학문은 결코 훌륭한 열매를 맺지 못한다는 사실을 말이다. 학문은 삶을 밝히기 위해 존재한다. 사람과의 관계 속에서 시험되고, 현실 속에서 다듬어질 때 비로소 살아 있는 지혜가 된다.

기억해라, 아들아.

책 속에서만 완성된 생각은 아직 미완성이다.

사람을 모르고 현실을 모르는 학문은,

아무리 정교해 보여도 결국 공허해지고 만다.

8
학식은 현실성이 수반될 때
비로소 빛날 수 있다

아들아, 현실과 동떨어진 이론은 듣는 사람을 쉽게 지치게 만든다. 누군가 대화 중에 "세상은 그런 식으로 돌아가지 않는다."라고 조심스레 말하더라도, 이론에 빠진 사람은 곧바로 자신의 주장을 늘어놓기 시작한다. 그 이야기는 좀처럼 끝이 없고, 상대의 말에는 아예 귀를 기울이지도 않는다.

어쩌면 그것은 당연한 일일지도 모른다. 그 사람은 옥스퍼드나 케임브리지 같은 대학에서 평생 연구에만 몰두해 온 학자일 것이다. 인간의 두뇌와 마음, 이성과 의지, 감정과 감각까지 — 보통 사람은 깊이 생각해 보지도 않는 영역을 세분화해 철저히 분석하고, 그 위에 자기만의 학설을 세워 왔을 테니 말이다. 그렇게 쌓아 올린 생각을 쉽게 내려놓지 않는 것도 무리는 아니다. 스스로 옳다고 믿는 데에는 충분한 이유가 있다.

나는 그런 노력 자체를 폄하하고 싶지는 않다. 그것은 분명 한 분야에서 이룬 훌륭한 성취다. 다만 문제는 그 지식이 현실과 만날 때다. 그는 실제 사람들을 깊이 관찰하며 살아 본 경험이 거의 없다. 세상에는 여러 부류의 인간이 있고, 각기 다른 관습과 편견, 취향이 있으며, 그 모든 것이 뒤섞여 한 사람을 이룬다는 사실을 체감해 보지 못한 것이다.

결국 그는 인간을 '이론'으로만 알고 있을 뿐, 삶 속의 인간을 모른다. 인간에 관한 설명은 풍부하지만, 인간이 살아 움직이는 현실은 간과하고 있는 셈이다. 그래서 그의 말은 논리적으로는 정교하지만, 듣는 사람의 마음에는 닿지 않는다.

여기서 기억해야 할 것이 있다. 학식은 현실성과 결합될 때 비로소 힘을 갖는다. 사람을 모르고, 삶을 모르고, 현실의 결을 느끼지 못한 지식은 아무리 정교해 보여도 공허하다. 진정한 학문은 사람들 사이에서 시험받고, 현실 속에서 다듬어질 때 비로소 살아 있는 지혜가 된다.

그러니 아들아, 책을 깊이 읽되 사람을 함께 보아라.

이론을 세우되 현실을 잊지 마라.

그때 너의 학식은 차가운 지식이 아니라,

사람을 이해하고 세상을 밝히는 힘이 될 것이다.

9

사람은 어떤 빛깔로든 변할 수 있다

아들아, 세상을 잘 모르는 학자에게 인간은 마치 아이작 뉴턴이 프리즘을 통해 본 빛처럼 보인다. 이 사람은 이 빛깔, 저 사람은 저 빛깔이라는 식으로, 몇 가지 색으로만 구분되는 존재로 여겨지는 것이다.

그러나 경험이 풍부한 염색 기술자는 다르다. 그는 색에는 명도와 채도가 있고, 겉으로는 한 가지 빛깔로 보이더라도 그 안에 여러 색이 섞여 있다는 사실을 안다. 같은 파랑이라도 전혀 다른 파랑이 있고, 같은 빨강이라도 서로 다른 깊이를 지닌다는 것을 몸으로 알고 있다.

인간도 마찬가지다. 사람은 결코 한 가지 빛깔로만 이루어져 있지 않다. 정도의 차이는 있을지라도, 누구나 여러 빛깔이 섞여 있으며, 때로는 그림자가 드리워져 있기도 하다. 더 나아가 비단이 빛을 받는 각도에 따라 전혀 다른 색으로 보이듯, 인간 역시 상황과 환경에 따라 전혀 다른 빛깔로 변한다.

이 사실은 세상을 조금이라도 살아 본 사람이라면 누구나 알고 있다. 사람은 고정된 존재가 아니라, 끊임없이 반응하고 변화하는 존재이기 때문이다.

그러나 세상과 단절된 채 연구실에만 틀어박혀 있는 학자는 이것을 알지 못한다. 이는 책이나 이론만으로는 절대 배울 수 없는 영역이다. 그래서 그런 사람은 배운 것을 현실에 적용하려 할 때마다 어딘가 어긋나고, 생각한 대로 일이 풀리지 않는다.

나는 이것을 춤에 비유하고 싶다. 춤을 본 적도 없고, 배운 적도 없는 사람이 악보를 읽을 수는 있을지 모른다. 멜로디와 리듬을 머리로 이해할 수도 있을 것이다. 그러나 실제로 춤을 출 수는 없다. 몸으로 보고, 귀로 듣고, 직접 느껴 본 사람이 아니기 때문이다.

인간을 이해하는 일도 마찬가지다.

사람은 분류의 대상이 아니라, 이해의 대상이다.

직접 보고, 부딪치고 느낄수록 사람은 더 많은 빛깔을 드러낸다.

그러니 기억해라.

사람은 어떤 빛깔로든 변할 수 있다.

그 가능성을 아는 사람만이, 사람을 제대로 이해할 수 있다.

10
지식은 생활 속에 섞일 때
비로소 지혜가 된다

아들아, 지식도 인격도 자신보다 훨씬 부족해 보이는 사람이, 오히려 더 뛰어난 사람을 능숙하게 다루는 모습을 본 적이 있느냐. 나는 그런 장면을 여러 차례 보아 왔다. 이런 일이 가능한 이유는 단 하나다. 세상을 사는 지혜의 차이 때문이다. 그들은 학식과 인격은 갖추었으나 세상 물정에는 어두운 사람들의 허점을 정확히 알고, 그 틈을 파고들어 사람을 움직인다.

자기 눈으로 보고, 직접 관찰하고, 몸으로 체험하며 세상을 아는 사람은 책으로만 세상을 배운 사람과는 근본적으로 다르다. 이는 잘 길든 말이 노새보다 훨씬 쓸모 있는 것과 같은 이치다. 이론은 같을 수 있어도, 현실에 대응하는 힘은 전혀 다르다.

이제 너는 그동안 공부해 온 것, 보고 들은 것을 차분히 종합해 자기만의 판단 기준을 세워야 할 시기에 이르렀다. 그것은 인격의 방향이기도 하고, 행동양식과 예의범절의 토대이기도 하다. 그런 의미에서 사회를 다룬 책을 읽는 일은 분명 도움이 된다. 책에 적힌 내용과 실제 현실을 비교해 보는 과정 자체가 훌륭한 공부가 된다.

예를 들어 오전에 라 로슈푸코의 격언 몇 구절을 읽고 깊이 생각해 보았다고 하자. 그렇다면 그날 저녁, 사교장에서 만나는 사람들을 떠올리며 그 격언이 실제로 어떻게 드러나는지 관찰해 보아라. 라 브뤼에르의 책을 읽었다면, 그가 묘사한 인간 군상이 실제 사회에서는 어떤 모습으로 나타나는지도 살펴보는 것이다.

책에는 인간의 마음과 감정의 움직임, 욕망과 허영, 위선과 진실이 자세히 기록되어 있다. 그것을 미리 읽어 두는 일은 분명 유익하다. 그러나 그것으로 끝나서는 안 된다. 반드시 사회 속으로 들어가 직접 보고, 듣고, 느끼며 확인해야 한다. 그렇지 않으면 어렵게 얻은 지식도 머릿속에 머무는 정보에 그치고 만다.

기억해라.

지식은 책 속에 있을 때는 재료에 불과하다.

그 재료가 삶 속에 섞일 때, 비로소 지혜라는 음식이 된다.

한때는 괴롭고 한때는 즐겁고

고락을 함께 맛보아 단련한 끝에 이룬 사람은

그 복이 비로소 오래가며,

의심과 믿음을 함께 거쳐 이룬 지식은

그 지식이 비로소 참된 것이다.

-채근담

11

표현력을 갈고닦아
설득력을 키워라

아들아, 오늘은 표현력과 설득력이 얼마나 중요한지를 잘 보여 주는 한 가지 사례를 이야기해 보려 한다. 분명 너에게도 큰 참고가 될 것이다.

영국에서 율리우스력을 그레고리력으로 개정하기 위한 법안이 상원에 제출되었을 때의 일이다. 율리우스력이 태양력보다 무려 열하루나 어긋난, 정확하지 않은 달력이라는 사실은 이미 널리 알려져 있었다. 이 오류를 바로잡은 사람이 교황 그레고리우스 13세였고, 그가 도입한 그레고리력은 곧바로 유럽의 가톨릭 국가들에 채택되었다. 이후 러시아와 스웨덴, 영국을 제외한 대부분의 프로테스탄트 국가들까지 이를 받아들였다.

이러한 상황에서 나는 유럽의 주요 국가들이 이미 정확한 달력을 사용하고 있는데, 영국만이 여전히 결함이 많은 율리우스력을 고수하고 있다는 사실이 몹시 부끄럽게 느껴졌다. 나만 그렇게 생각한 것은 아니었다. 해외를 자주 오가던 정치가들과 무역상들 역시 실무에서 겪는 불편과 비합리성을 강하게 느끼고 있었다.

문제는 모두가 불편함을 느끼고 있으면서도, 그 생각을 하나의 의견으로 묶어 내지 못하고 있었다는 점이었다. 옳은 생각이 있다고 해서 저절로 변화가 일어나는 것은 아니다. 생각을 말로 정리하고, 말로 설득하며, 설득을 통해 행동으로 옮길 수 있어야 비로소 세상은 움직인다.

그래서 나는 영국의 달력을 개정하기 위해 먼저 여론을 모으기로 결심했다. 감정에 호소하거나 상대를 몰아붙이는 방식이 아니라, 왜 이것이 필요하며, 어떤 이익이 있고, 지금 바꾸지 않으면 어떤 불편이 계속될지를 차분하고 명확한 언어로 설명하는 것이 핵심이었다. 그리고 마침내 그 생각을 법안의 형태로 정리해 상원에 상정하게 되었다.

이 일에서 내가 배운 것은 분명하다.

옳은 생각도 표현되지 않으면 힘을 갖지 못한다.

지식과 판단이 아무리 정확해도, 그것을 전달하는 언어가 부족하면 사람을 움직일 수 없다.

그러니 기억해라, 아들아.

표현력은 타고나는 재능이 아니라 갈고닦는 기술이며, 설득력은 목소리가 크거나 말이 많은 데서 나오지 않는다.

상대가 이해할 수 있는 언어로, 상대의 입장에서 말할 줄 아는 사람만이 자신의 생각을 현실로 바꿀 수 있다.

12

한 나라의 역사를 바꿔 버린
나의 화술

아들아, 나는 먼저 나라를 대표할 만한 법률가와 천문학자 몇 사람의 협력을 얻어 법안을 작성했다. 그러나 진짜 고생은 그때부터 시작되었다. 법안에는 법률의 전문용어와 천문학적 계산이 가득 담겨 있었고, 정작 그 내용을 의회에서 설명해야 할 사람은 그 어느 분야에도 정통하지 않은 나였기 때문이다.

그럼에도 법안을 성립시키기 위해서는 두 가지가 필요했다. 하나는 내가 이 문제를 충분히 이해하고 있다는 인상을 주는 것, 다른 하나는 나와 마찬가지로 이 분야에 익숙하지 않은 의원들로 하여금 '이해했다.'라는 느낌을 갖게 하는 것이었다. 이것이야말로 설득의 핵심이었다.

천문학을 설명하는 일 자체는, 켈트어나 슬라브어를 배워 그 언어로 말하는 것만큼이나 어려운 일은 아니었다. 그러나 나는 곧 깨달았다. 의원들의 입장에서 보면 복잡한 천문학적 계산이나 전문용어의 나열은 조금도 흥미롭지 않을 것이라는 사실을 말이다. 그래서 나는 과감히 방향을 바꾸었다. 내용의 설명을 줄이고, 사람의 마음을 붙잡는 데에 집중하기로 한 것이다.

나는 이집트력에서 시작해 율리우스력, 그리고 그레고리력에 이르기까지의 과정을 일화와 이야기로 엮어 설명했다. 딱딱한 수치 대신 흥미로운 역사적 장면을 들려주었고, 말씨와 문체, 화술과 몸짓 하나하나에 특별히 신경을 썼다. 이 선택은 정확했다. 그날의 경험으로 나는 확신하게 되었다. 이 방식은 앞으로도 반드시 통할 것이라는 것을.

의원들의 표정은 점점 부드러워졌고, 고개를 끄덕이며 "이해했다."라고 말하는 이들도 나타났다. 나는 과학적 설명을 거의 하지 않았고, 애초에 그럴 생각도 없었다. 그럼에도 여러 의원이 나의 설명 덕분에 모든 것이 명백해졌다고 발언했다.

이어서 법안 작성에 누구보다 큰 힘을 보탠, 유럽 제일의 수학자이자 천문학자인 마크레스필드 경이 전문적인 설명을 이어갔다. 그러나 그의 말하는 태도가 그다지 호감을 주지 못했던 탓일까, 참으로 어처구니없게도 모든 찬사는 나에게 쏠리고 말았다. 세상이란 대체로 이런 법이다.

너도 비슷한 경험이 있을 것이다. 말하는 사람이 거친 억양으로, 정리되지 않은 말투로, 순서도 엉망인 채 이야기를 늘어놓을 때는—그 내용이 아무리 옳다 해도—귀를 기울이고 싶지 않았던 적 말이다. 적어도 나는 그렇다. 반대로 말하는 방식이 부드럽고, 흐름이 자연스럽고, 듣는 이를 배려하는 사람의 말은 내용까지 훌륭하게 들리고, 때로는 그 사람의 인격마저 더 좋아 보이게 만든다.

여기서 네가 반드시 기억해야 할 것이 있다.

사람은 논리보다 먼저 말투에 설득되고, 내용보다 먼저 태도에 마음을 연다.

그러니 아들아, 생각을 갈고닦는 만큼 그 생각을 전하는 말도 함께 갈고닦아라.

세상을 움직이는 것은 언제나 말을 통해 전달된 생각이기 때문이다.

내용 못지않게
지엽적인 부분도 중요하다

아들아, 사적인 모임에서 사람의 마음을 붙잡고자 할 때든, 공적인 자리에서 많은 청중을 설득하고자 할 때든 말의 내용만으로는 충분하지 않다. 말하는 사람의 분위기, 표정, 몸짓, 품위, 목소리의 높낮이와 속도, 억양, 사투리의 유무, 어디에서 힘을 주는지 같은 지엽적인 요소들이 오히려 결정적인 역할을 한다.

나는 피트 씨와 스토마운트 경의 백부인 뮤레이 법무장관을 이 나라에서 가장 뛰어난 연설가로 꼽는다. 이 두 사람 말고는, 격렬해진 영국 의회를 단숨에 조용히 만들 수 있는 인물을 떠올리기 어렵다. 그들이 연설을 시작하면, 시끄럽던 의원들도 차츰 침묵하고 귀를 기울인다. 정말로 바늘 떨어지는 소리까지 들릴 것 같은 순간이 찾아온다.

그렇다면 왜 그들의 연설은 그렇게 강력한 힘을 갖는 것일까. 다른 의원들보다 내용이 훨씬 뛰어나서일까? 누구도 반박할 수 없는 논증과 증거를 제시하기 때문일까?

나 역시 그들의 연설에 매료된 사람 중 하나였기에, 집에 돌아와 곰곰이 생각해 본 적이 있다. 그날 그들은 과연 무엇을 말했을까. 하나하나 되짚어 보니 놀랍게도 내용은 의외로 빈약하고, 주제 또한 설득력이 약한 경우가 적지 않았다. 내가 매혹되었던 것은 연설의 알맹이라기보다, 겉으로 드러난 형식과 분위기였던 것이다.

꾸밈없이 논리만으로 밀어붙이는 화술은, 지적인 사람들이 소수 모여 나누는 사적인 자리에서는 충분히 매력적일 수 있다. 그러나 다수의 사람을 상대로 하는 공적인 공간에서는 그 힘이 크게 약해진다. 많은 사람 앞에서는 논리보다 먼저 느낌과 인상이 작동하기 때문이다.

세상이란 대체로 이런 방식으로 움직인다. 사람들은 연설을 들을 때, 무엇을 배우기보다는 기분 좋게 들을 수 있는 말을 먼저 선택한다. 가르침을 받는다는 것은 대개 즐거운 경험이 아니다. 그것은 곧 자신의 부족함을 인정하는 일이기 때문이다.

이 점은 연설에 그다지 능숙하지 못한 이 나라 사람들뿐 아니라, 앞으로 사람들 앞에 서서 말해야 할 너에게도 반드시 되새겨 볼 만한 중요한 사실이다.

기억해라. 사람은 이성으로 설득되기 전에, 감각으로 마음을 연다.

내용이 뼈라면, 분위기와 태도는 그 뼈를 움직이게 하는 살과 피다.

설득력을 키우고 싶다면, 말의 알맹이만큼이나 지엽적인 부분도 함께 다듬어라.

14

바른말과 명확한 발음으로
표현력을 길러라

아들아, 사람의 마음을 사로잡는 배우들이 어떤 방식으로 말하는지 유심히 관찰한 적이 있느냐. 훌륭한 배우는 결코 말끝을 흐리지 않는다. 발음은 또렷하고, 단어는 정확하며, 무엇을 말하고자 하는지가 분명하다. 그래서 그들의 말은 자연스럽게 귀에 들어오고 마음에 남는다.

말이란 본래 개념과 생각을 전달하기 위해 존재하는 도구다. 그러므로 뜻이 제대로 전달되지 않는 방식으로 말하거나, 듣는 사람을 불편하게 만드는 말투로 이야기하는 것은 매우 어리석은 일이다. 아무리 좋은 생각이라도 전달되지 않으면 존재하지 않는 것과 다름없다.

그러니 하트 씨의 도움을 적극적으로 받아라. 매일 일정한 시간을 정해 큰 목소리로 책을 낭독하고, 그것을 들어 달라고 부탁해라. 호흡은 적절한지, 어디를 강조해야 하는지, 속도가 너무 빠르거나 느리지는 않은지 지적해 달라고 하여라. 남의 귀로 점검받는 것이 가장 빠른 훈련이다.

책을 읽을 때는 입을 충분히 벌리고, 한 마디 한 마디를 또렷하게 발음하도록 해라. 말이 조금이라도 빨라지거나 발음이 흐려지면 반드시 지적해 달라고 하여라. 혼자 연습할 때도 자신의 귀로 소리를 분명히 듣도록 해야 한다. 처음에는 의식적으로 속도를 늦추어라. 네게는 말이 빨라질수록 발음이 걸리고, 듣는 사람이 이해하기 어려워지는 습관이 있기 때문이다.

특히 발음하기 어려운 자음이나 단어가 있다면, 완벽해질 때까지 여러 번 반복해서 연습해라. 사소해 보일지 모르지만, 이런 기본적인 훈련이 쌓여 정확한 표현력과 단정한 말하는 태도를 만들어 준다. 그리고 그 태도는 결국 네 말에 신뢰를 더해 줄 것이다.

기억해라.

말은 생각의 옷이다.

발음이 흐리면 생각도 흐려 보이고, 말이 또렷하면 생각도 분명해 보인다.

표현력을 기르고 싶다면, 말의 기본부터 갈고닦아라.

사람을 이롭게 하는 말은 솜처럼 따뜻하고,

사람을 상하게 하는 말은 가시처럼 날카롭다.

한 마디 말이 잘 쓰이면 천금과 같고,

한 마디 말이 잘못 쓰이면 칼로 베는 것과 같다.

-명심보감

15
자기의 이름에
자신과 긍지를 가져라

아들아, 지난번에 네가 지출했다며 90파운드짜리 청구서가 내게 도착했다. 솔직히 말하면, 그 순간 나는 지불을 거절하고 싶었다. 금액 때문은 아니다. 보통 이런 지출이 있을 때에는 미리 상의하는 편지 한 장을 보내는 것이 예의인데, 그에 대한 아무런 설명도 없었기 때문이다.

그러나 그보다 더 나를 놀라게 한 것은 따로 있었다. 바로 너의 서명이었다. 청구서를 들고 온 사람이 서명 위치를 가리켰지만, 한눈에 알아볼 수조차 없었다. 돋보기를 들고서야 구석에 희미하게 적힌 흔적을 발견할 수 있었다. 처음에는 글씨를 쓸 줄 모르는 사람이 임시로 남긴 X표인가 싶었다. 그런데 그것이 바로 네 서명이라는 사실을 알고 나는 크게 실망했다. 나는 지금껏 그렇게 볼품없는 서명을 본 적이 없다.

신사라면, 또는 적어도 사업 세계에 발을 들인 사람이라면, 언제나 동일한 서명을 사용하는 것이 관례다. 그래야 자신의 이름에 익숙해지고, 위조나 오해를 막을 수 있다. 또한 서명은 보통 본문 글자보다 약간 크게, 또렷하게 쓰는 것이 일반적이다. 그것이 자신을 드러내는 최소한의 표시이기 때문이다.

그런데 네 서명은 다른 문자보다도 작았고, 형태 또한 분간하기 어려웠다. 그것은 단순한 필체의 문제가 아니다. 자기 이름을 대하는 태도의 문제다. 서명은 단지 형식이 아니라, 그 사람의 책임과 자존심을 함께 찍는 행위다.

기억해라, 아들아.

네 이름은 세상과 너를 연결하는 첫 번째 표식이다.

그 이름에 자신이 없고, 긍지가 담겨 있지 않다면 너의 말과 행동 또한 가볍게 보일 수밖에 없다.

그러니 오늘부터라도 너의 서명을 다시 정돈해라.

또렷하고, 일정하고, 당당하게.

자기 이름을 존중할 줄 아는 사람만이 자기 인생 또한 존중받을 수 있다.

16

서둘러라,
그러나 허둥대지 마라

아들아, 너는 허둥대고 있었기 때문에 그런 서명밖에 할 수 없었다고 말할지도 모르겠다. 그렇다면 나는 이렇게 묻고 싶다. 어째서 허둥대고 있었느냐고.

지성 있는 사람은 서두를 수는 있어도, 허둥대지는 않는다. 허둥대는 순간 일이 망가진다는 사실을 잘 알고 있기 때문이다. 그래서 그들은 빠르게 일을 마칠 수는 있어도, 속도 때문에 품위와 정확성을 잃지는 않는다. 서두르되, 언제나 결과의 완성도를 함께 고려한다.

대개 허둥대는 사람은 자신에게 주어진 일이 자신의 역량을 넘는다고 느낄 때 그렇게 된다. 어떻게 해도 감당할 수 없을 것 같다는 생각이 들면, 마음이 먼저 흔들리고 몸이 뒤따라 분주해진다. 여기저기 뛰어다니며 머리를 썩이다가, 결국 무엇이 중요한지도 분간하지 못한 채 혼란에 빠진다. 모든 일을 한꺼번에 처리하려다, 어느 것 하나 제대로 손대지 못하게 되는 것이다.

분별 있는 사람은 다르다. 그는 먼저 한 가지 일을 끝까지 완성하는 데 필요한 시간을 미리 가늠한다. 그리고 그 시간을 확보한 뒤, 한 가지 일에 집중해 빠르게 마무리한다. 서둘러도 침착함을 잃지 않으며, 하나의 일을 끝내기 전에는 다른 일에 손을 대지 않는다. 이것이 허둥대지 않으면서도 일을 빠르게 해내는 사람의 방식이다.

나도 네가 할 일이 많다는 것을 잘 알고 있다. 충분한 시간을 내기 어려운 상황이라는 것도 이해한다. 그러나 대충 마무리할 바에는, 차라리 절반을 완벽하게 끝내고 나머지는 아예 손대지 않는 편이 낫다. 성의 없이 마무리된 결과는 시간도, 신뢰도, 품위도 모두 잃게 만든다.

교양 없는 사람으로 오해받을 만큼 무성의한 글씨를 쓰는 일, 그런 품위 없는 행동으로 몇 초를 벌었다 해도 그 시간은 아무런 가치가 없다. 오히려 네 이름과 태도를 깎아 먹을 뿐이다.

기억해라.

속도는 능력이지만, 침착함은 품격이다.

서둘러야 할 때일수록, 허둥대지 않는 연습을 해라.

그 차이가 결국 사람의 격을 만든다.

하늘은 녹 없는 사람을 내지 않고,

땅은 이름 없는 풀을 기르지 않는다.

-명심보감

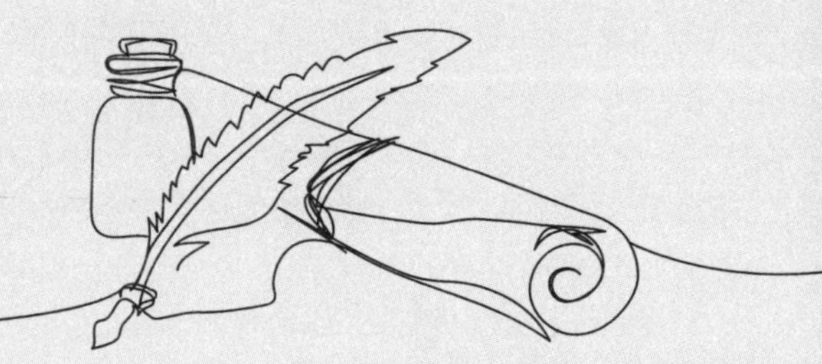

제6장

일생을 함께할
우정을 키워나가는
방법

**To my son,
as you Begin**

1
친구는
자신의 인격을 비추는 거울이다

아들아, 젊은이들은 대개 친구에게서 부탁을 받으면 쉽게 거절하지 못한다. 싫다고 말하면 체면이 깎이는 것 같고, 상대에게 미안한 마음이 들기도 한다. 때로는 부탁을 거절했다는 이유로 동료들 사이에서 소외되지 않을까 염려하기도 한다. 이런 마음이 드는 것 자체가 나쁜 것은 아니다. 상대의 뜻을 존중하고, 배려하며, 가능하면 기쁘게 해주고 싶어 하는 마음은 분명 소중한 태도다.

그러나 진정한 친구 사이라면, 이런 두려움과 불안 위에 관계가 서 있지는 않을 것이다. 부탁을 거절했다고 해서 관계가 흔들린다면, 그것은 이미 우정이 아니라 이해관계에 가깝다. 참된 우정은 상대의 상황과 입장을 함께 고려하며, 서로의 한계를 존중하는 데서 시작된다.

친구는 너의 인격을 비추는 거울이다. 네가 어떤 부탁을 받아들이고, 어떤 부탁을 거절하는지를 통해 너 자신의 기준과 성품이 드러난다. 늘 무리하게 응하며 스스로를 소모한다면, 결국 너는 상대에게도 올바른 기준을 보여 주지 못하게 된다. 반대로 정중하지만 분명하게 거절할 줄 아는 태도는, 너의 인격을 더 또렷하게 드러낸다.

기억해라. 우정은 희생으로 유지되는 것이 아니라, 존중으로 깊어진다.

너의 판단과 원칙을 이해하지 못하는 친구라면, 오래 함께할 수 있는 친구가 아닐지도 모른다. 진정한 친구는 네가 'NO'라고 말할 때에도, 그 이유를 들으려 하고 너를 있는 그대로 받아들인다.

그러니 친구를 위해서가 아니라, 너 자신과 우정을 지키기 위해서라도 때로는 거절할 줄 아는 용기를 가져라. 그 용기 위에서 맺어진 관계만이, 일생을 함께할 수 있는 우정으로 자라난다.

2
진정한 우정은
쉽게 뜨거워지거나 쉽게 식지 않는다

아들아, 토리노의 대학에는 여러 부류의 사람들이 모여 있을 것이다. 그들과 금세 친밀해지고 곧바로 친구가 될 수 있으리라 생각한다면, 그것은 착각이다. 진정한 우정은 그렇게 쉽게 맺어지지 않는다. 오랜 시간을 함께 보내며 서로를 이해하고, 신뢰가 쌓일 때 비로소 가능해진다.

그러나 세상에는 이름만 우정인 관계도 많다. 특히 젊은이들 사이에는 이런 가벼운 우정이 흔하다. 처음에는 유난히 뜨겁지만, 조금만 시간이 지나면 쉽게 식어 버린다. 깊이가 없기 때문이다.

우연히 알게 된 몇몇 동료와 어울려 즉흥적으로 놀거나, 분별없이 행동하는 일도 있을 것이다. 그것은 순간의 흥분에서 비롯된 관계이지, 우정이라고 부르기에는 부족하다. 그들은 값싼 관계를 우정이라 포장하며, 필요 이상으로 돈을 빌려 주거나, 친구를 위한다는 명분으로 소동에 휘말려 다툼에까지 나아가기도 한다.

하지만 이런 관계는 오래가지 않는다. 한 번 사이가 틀어지면, 손바닥을 뒤집듯 태도를 바꾸어 상대의 험담을 늘어놓는다. 어제의 친구가 오늘의 적이 되고, 지금까지의 신뢰와 약속은 아무렇지 않게 저버린다. 진정한 우정이라면 결코 보이지 않을 모습이다.

여기서 네가 반드시 기억해야 할 것이 있다. 함께 있을 때 즐겁다고 해서, 반드시 좋은 친구인 것은 아니다. 즐거움은 우정의 한 요소일 수는 있지만, 기준이 될 수는 없다. 진정한 우정은 기쁠 때뿐 아니라, 어려울 때도 상대를 존중하고 지켜 주는 관계다.

그러니 서두르지 마라.

쉽게 뜨거워지는 관계는, 대개 쉽게 식는다.

천천히 깊어지는 우정만이, 일생을 함께할 수 있는 우정이 된다.

3
어떤 경우에도
적을 만들지는 마라

아들아, 친구를 보면 그 사람을 알 수 있다는 말에는 분명 일리가 있다. 스페인에는 이를 정확히 표현한 속담이 있다.

"가장 가까운 사람이 누구인지 말해 달라. 그러면 당신이 어떤 사람인지 알아맞히겠다."

유유상종이라는 말처럼, 부도덕하거나 어리석은 사람과 가까이 지내는 이는 그 자신도 같은 부류가 아니냐는 의심을 받기 쉽다. 그래서 그런 사람을 분별하고 멀리할 줄 아는 눈은 반드시 필요하다. 그러나 여기서 한 가지 중요한 주의점이 있다. 멀리하는 것과 적대하는 것은 전혀 다른 일이라는 점이다.

친구로 삼고 싶지 않은 사람은 얼마든지 있을 수 있다. 그렇다고 해서 그들을 적으로 만들어 버리는 것은 현명하지 못하다. 불필요한 적은 삶을 복잡하게 만들 뿐 아니라, 네 힘과 시간을 갉아먹는다. 내가 너라면, 그런 경우 적도 아군도 아닌 중간의 위치를 택할 것이다. 이것이 가장 안전하고 지혜로운 선택이다.

좋지 않은 행동은 분명히 미워하되, 사람 자체를 적대시하지는 마라. 상대가 누구든 간에 말해도 되는 것과 말해서는 안 되는 것, 해도 되는 것과 해서는 안 되는 것을 분별하며 스스로를 통제하는 것이 중요하다. 이것이 바로 성숙한 인간의 태도다.

진정으로 사물을 정확히 분별할 수 있는 사람은 생각보다 많지 않다. 대부분은 사소한 일에 감정이 앞서 입을 닫아 버리거나, 반대로 자신이 알고 있는 생각을 모두 드러내다 적을 만들어 버린다. 어느 쪽도 지혜로운 태도는 아니다.

기억해라, 아들아.

모든 사람과 가까워질 필요는 없지만, 누구와도 불필요하게 멀어질 필요는 없다.

적을 만들지 않는 사람은 약한 사람이 아니라, 자신을 지킬 줄 아는 강한 사람이다.

이로운 친구는

직언을 두려워하지 않고,

언행에 거짓이 없으며,

지식을 앞세우지 않는 벗이다.

해로운 친구는

허식이 많고,

속이 비었으며,

겉치레에만 마음을 쓰고,

마음은 어둡고

말만 많은 사람이다.

-공자

4

자기 발전에
도움이 되는 교제에 힘써라

아들아, 너는 지금 어떤 사람들과 교제하고 있느냐. 함께 어울리는 사람들이 누구인가 하는 문제는, 네가 어떤 사람이 될지를 결정하는 데 있어 생각보다 훨씬 중요하다. 그래서 오늘은 어떤 사람과 교제해야 하는지에 대해 이야기해 보고자 한다.

아래를 보지 말고, 위를 보아라

무엇보다도 자기보다 뛰어난 사람들과 사귀도록 노력해라. 훌륭한 사람들과 가까이 지내다 보면, 어느새 너 역시 그들과 비슷한 수준으로 끌어올려진다. 반대로 자기보다 못한 사람들과 어울리면, 자신도 모르게 그 수준에 머무르게 된다. 인간은 교제하는 상대에 따라 자연스럽게 변하기 마련이다.

여기서 내가 말하는 '훌륭한 사람'이란, 가문이 좋다거나 지위가 높다는 뜻이 아니다. 내실이 있고, 세상 사람들로부터 실질적인 존경을 받는 사람을 말한다. 그런 훌륭한 사람에는 대체로 두 부류가 있다.

첫 번째는 사회적으로 두각을 나타내는 사람들이다. 사회에서 주도적인 역할을 맡고 있거나, 사교계에서 활발하게 활동하며 영향력을 지닌 사람들이다.

두 번째는 특정 분야의 학문이나 예술에서 뛰어난 재능을 발휘해, 전문 영역에서 확고한 평가를 받고 있는 사람들이다.

다만 중요한 점이 있다. 스스로만 훌륭하다고 여기는 사람은 제외해야 한다. 다른 사람들 역시 한목소리로 인정하는 인물이어야 한다. 진짜 실력과 인품은 대개 주변의 평가로 드러난다.

교제에 적합한 모임이란, 단지 뻔뻔함으로 끼어들거나, 누군가의 소개로 어쩔 수 없이 모여든 사람들이 뒤섞인 집단일 수도 있다. 그런 다양한 인간 군상을 관찰하는 일은 그 자체로 유익하고 흥미롭다. 다만 그 집단의 중심에는 분명히 훌륭한 사람들이 자리 잡고 있어야 한다. 그런 모임에는 눈살을 찌푸릴 만한 인물이 자연스럽게 설 자리가 없다.

이와 같은 이유로, 신분이 높은 사람들만 모인 집단이라고 해서 반드시 바람직하다고 볼 수는 없다. 신분이 아무리 높아도, 생각이 비어 있거나 기본적인 예의조차 모르는 사람, 사회적으로 아무 기여도 하지 않는 사람도 있기 마련이다. 겉모습만 보고 판단해서는 안 된다.

만약 네가 그런 모임에 초대받을 만한 재주와 품위를 갖추었다면, 가끔 얼굴을 내미는 것은 분명 도움이 된다. 그 자체로 너에 대한 평판이 나빠질 일은 거의 없다. 그러나 그 한 집단에만 머물러 세상을 제한해서는 안 된다. 교제는 넓히되, 중심은 잃지 말아야 한다.

기억해라.

교제는 오락이 아니라 성장의 통로다.

아래를 내려다보며 안주하지 말고, 항상 위를 바라보며 자신을 끌어올릴 수 있는 사람들과 함께해라.

그 교제가 쌓일수록, 너의 인생도 자연스럽게 한 단계씩 높아질 것이다.

5

결점까지 칭찬하는 사람에게는
접근하지 마라

아들아, 어떤 경우에도 피해야 할 교제가 있다. 그것은 수준이 낮은 사람과의 교제다. 인격적으로 성숙하지 못하고, 덕이 부족하며, 생각이 얕고, 스스로 내세울 만한 장점은 없으면서 너와 가까이 지낸다는 사실만을 자랑으로 삼는 사람들이다. 그런 사람들은 너에게 다가가기 위해, 심지어 너의 결점마저 칭찬한다. 그것이 얼마나 위험한 신호인지 알아야 한다.

혹시 네 주변에도 그런 사람이 있느냐. 있다면, 반드시 거리를 두어라. 그런 사람과의 교제는 너를 높여 주지 않는다. 오히려 서서히 끌어내릴 뿐이다.

내가 이처럼 단호하게 말하는 것이 놀랍게 느껴질지도 모르겠다. 그러나 나는 이런 경고가 결코 불필요하다고 생각하지 않는다. 나는 지금까지 분별력 있고 사회적 위치도 확고했던 사람들이, 수준이 낮은 사람과의 교제로 인해 신용을 잃고 타락해 가는 모습을 수없이 보아왔다.

이 문제의 뿌리에는 언제나 허영심이 있다. 허영심은 인간으로 하여금 수많은 어리석은 선택을 하게 만든다. 자기보다 수준이 낮은 사람과 교제하려는 욕망 역시 여기에서 비롯된다. 사람은 누구나 자신이 속한 집단에서 우월해 보이고 싶어 한다. 칭찬받고 싶고, 존경받고 싶고, 나아가 타인을 좌우하고 싶어 한다. 그런 값싼 만족을 얻기 위해, 일부러 자신보다 낮은 수준의 사람들 곁에 머무는 것이다.

그러나 그 결과는 뻔하다. 오래지 않아 자기 자신도 그들과 같은 수준으로 내려앉게 된다. 그리고 그때가 되면, 더 훌륭한 사람들과 교제하고 싶어도 이미 그 문턱조차 넘지 못하게 된다.

다시 말하지만, 사람은 교제하는 상대에 따라 올라가기도 하고 내려가기도 한다. 세상 사람들은 네가 누구와 어울리는지를 보고 너를 평가한다. 그러니 함께하는 사람을 정할 때에는, 언제나 신중하고 또 신중해야 한다.

기억해라, 아들아.

결점을 칭찬하는 사람은 너를 위하는 것이 아니다.

너의 성장을 막고, 너를 자기 수준에 묶어 두려는 사람일 뿐이다.

그러니 교제를 선택할 때에는 즐거움이나 달콤한 말보다, 너를 더 나은 사람으로 만들어 주는가를 기준으로 삼아라.

그 선택이 결국 너의 인생의 높이를 결정하게 될 것이다.

그 아들의 선악은

그 아버지의 행동을 보면 알 수 있고,

그 사람을 모르겠거든

그가 사귀는 친구를 보면 알 수 있다.

-잡편

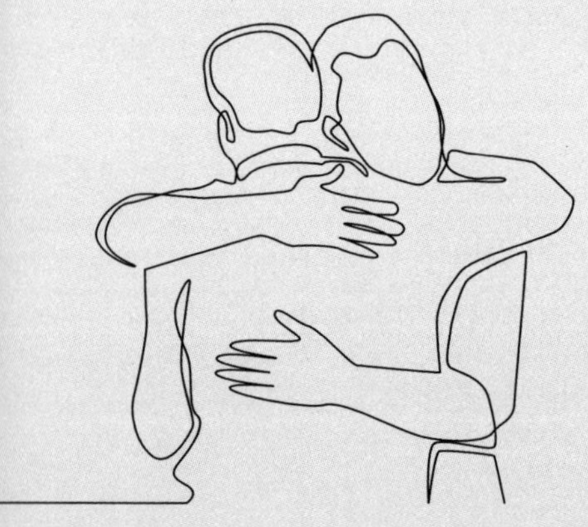

6
사람을 제대로 평가할 수 있는
안목을 길러라

젊은이들은 인간이나 사물을 바라볼 때, 보고 들은 것을 실제보다 과대평가하기 쉬운 경향이 있다. 그 이유는 간단하다. 아직 실체를 충분히 알지 못하기 때문이다. 그러나 시간이 지나 진실을 하나둘 알아가게 되면, 처음의 평가는 자연스레 내려가게 된다.

인간은 네가 생각하는 것만큼 이지적이고 이성적인 존재가 아니다. 우리는 쉽게 감정에 지배되고, 사소한 계기로도 흔들리며 무너질 수 있는 연약함을 지니고 있다.

일반적으로 유능하다는 평판을 받는 사람들 역시 마찬가지다. 그들의 유능함은 절대적인 것이 아니라, 다른 사람들과 비교했을 때 상대적으로 나은 것에 불과한 경우가 많다. 그런데도 그들이 유능하다고 평가받는 이유는 분명하다.

그들은 무엇보다 자기 자신을 억제할 줄 알고, 결점을 최대한 드러내지 않음으로써 사람들을 다루는 법을 알고 있다. 그리고 이때, 이성이나 논리만으로 사람을 움직이려는 어리석은 짓은 하지 않는다. 대신 감정과 기분, 욕망처럼 다루기 쉬운 지점을 정확히 건드린다. 그러니 큰 실패를 겪는 일이 드문 것이다.

그러나 한 걸음 물러나 차분히 살펴보면, 완벽해 보이는 사람에게도 결점은 반드시 있다.

위대한 인물이라 불리는 브루투스조차 마케도니아에서는 도적과 다를 바 없는 행동을 하지 않았던가. 프랑스의 추기경 리슐리외 역시 자신의 시적 재능을 조금이라도 높이 평가받고자 보기 민망한 행동을 서슴지 않았다. 말버러 공작 또한 사람들에게 인색한 면을 자주 드러내지 않았던가.

이처럼 인간에게는 누구에게나 밝은 면과 어두운 면이 공존한다. 중요한 것은 겉으로 드러난 명성이나 평판만으로 사람을 판단하지 않는 것이다.

너 자신의 눈으로 인간이란 어떤 존재인지 분명히 알게 될 때까지는, 라 로슈푸코 공작의 '격언집(Maxims)'을 곁에 두고 읽기를 권한다. 하루에 잠깐이라도 좋으니 매일 펼쳐 보아라. 이 책만큼 인간의 본모습을 냉정하면서도 정확하게 드러내 주는 책은 드물다.

이 책을 읽는다고 해서 인간을 혐오하게 되지는 않을 것이다. 오히려 불필요한 환상을 버리고, 사람을 있는 그대로 바라볼 수 있는 눈을 갖게 될 것이다. 인간을 과대평가하지도, 그렇다고 부당하게 깎아내리지도 않게 되는 것, 그것이 바로 성숙한 안목이다.

이 점만큼은 내가 분명히 보증하겠다.

7

실패와 좌절은
최고의 스승이다

사람은 특히 자기보다 뛰어난 사람들 속에 있을 때, 이상할 정도로 스스로를 의식하게 된다.

남들이 작은 목소리로 속삭이면 마치 자신에 대해 이야기하는 것처럼 느껴지고, 웃음소리가 들리면 그것이 자신을 향한 조롱처럼 들리기 쉽다. 의미를 분명히 알 수 없는 말조차도 억지로 자신에게 끼워 맞추며, 분명 나를 두고 한 말일 것이라 단정해 버린다.

스크라브가 '계략(Stratagem)'에서 말했듯, '저렇게 큰 소리로 웃고 있잖아? 나를 보고 있음이 틀림없어.'라고 생각해 버리는 것이 바로 그런 심리다.

그러나 바로 그 환경 속에서, 실패를 거듭하고 좌절을 충분히 겪는 과정이야말로 너를 단련시킨다. 뛰어난 사람들 사이에서 위축되고 상처받는 시간을 지나며, 너는 차츰 세련된 태도와 안정된 마음가짐을 몸에 익히게 될 것이다.

남성이든 여성이든 좋다. 네가 가장 신뢰하는 사람들에게 이렇게 부탁해 보아라.

"제가 아직 젊고 경험이 부족해 무례한 언행을 하고 있을지도 모릅니다. 그런 점을 발견하시면 주저하지 말고 꼭 지적해 주십시오."

그리고 그 지적을 받았을 때는 우정의 증거로 여기고 반드시 감사의 뜻을 전해라.

이 태도를 잊지 말아야 한다.

이처럼 마음을 숨기지 않고 도움을 구하며, 그 도움에 진심으로 감사할 줄 아는 사람에게는 자연스럽게 사람들이 힘이 되어 준다. 너의 무례함이나 부적절함을 친밀한 마음으로 조언해 주는 사람이 늘어날수록, 너는 점점 마음도 자유로워지고 태도도 단단해질 것이다.

실패와 좌절은 피해야 할 것이 아니다. 그것들은 가장 정직하고 가장 값진 스승이다.

누가 가장 영광스럽게 사는 사람인가?
한 번도 실패하지 않는 사람이 아니라
실패할 때마다 조용히, 그러나 힘차게
다시 일어나는 사람이다.

-스미스

8
감사의 마음을
솔직하게 표현할 줄 알아야 한다

아들아, 지난번에 로마에서 막 귀국한 분으로부터 이런 말을 들었다.

"로마에서 그만큼 환대를 받은 사람은 드물다."

그 말을 듣고 나는 몹시 기뻤다. 파리에서도 틀림없이 비슷한 환대를 받게 되리라 믿는다. 파리 사람들은 외지에서 온 사람들, 특히 예의 바르고 마음이 따뜻한 사람에게는 매우 호의적이기 때문이다.

그러나 한 가지 분명히 짚고 넘어가야 할 것이 있다. 그런 호의에 응석만 부려서는 안 된다는 점이다. 환대는 당연한 권리가 아니라, 상대가 기꺼이 베푼 마음이다. 그들 역시 네가 그들의 나라를 존중하고, 그들의 관습과 태도에 호감을 가지고 있다는 사실을 느낀다면 진심으로 기뻐할 것이다.

그 마음을 반드시 말로 표현해야 한다는 뜻은 아니다. 말로 전하는 감사도 나쁘지 않지만, 감사는 태도로도 충분히 전할 수 있다. 상대의 말을 귀 기울여 듣는 것, 관습을 존중하는 것, 사소한 배려를 잊지 않는 것—이 모든 것이 말보다 더 분명한 감사의 표현이 된다.

다만, 파리에서 특별한 환대를 받았다면 그에 걸맞은 작은 답례를 하는 것도 좋다고 나는 생각한다. 그것은 빚을 갚는 행위가 아니라, 품위를 갖춘 인간관계의 자연스러운 순환이다. 너는 어떻게 생각하느냐?

나 역시 만일 아프리카 어느 곳을 여행하다가 진심 어린 환대를 받는다면, 상대가 누구이든 간에 그 마음을 그냥 지나치지는 않을 것이다. 감사는 계산이 아니라 인격의 표현이기 때문이다.

기억해라, 아들아.

감사는 굽신거림이 아니다.

감사를 표현할 줄 아는 사람은 자존심이 낮은 사람이 아니라, 마음이 넉넉한 사람이다.

9
쾌활함과 끈기야말로
진정한 젊음의 밑천이다

파리에서 네가 머물 거처는 이미 마련해 두었다. 기숙사에도 곧바로 입주할 수 있도록 조치해 두었으니, 이것은 참으로 감사한 일이다. 최소 반년 동안 기숙사에서 생활할 수 있게 되었으니, 그 의미를 가볍게 여기지 말아라. 만약 호텔에 머물게 된다면 날씨가 아무리 나쁘더라도 매일 학교까지 오가야 하고, 그 시간과 기력은 고스란히 소모되고 말 것이다.

그러나 진짜 중요한 점은 따로 있다.

기숙사에 기거하게 되면 파리 상류 사회의 젊은이들과 자연스럽게 교류할 기회가 생긴다는 것이다. 머지않아 그들은 너를 파리 사교계의 한 구성원으로 따뜻하게 받아들이게 될 것이다. 내가 아는 한, 이렇게까지 좋은 여건을 갖추고 파리에 들어가는 영국인은 네가 처음이다. 게다가 그에 드는 비용도 과하지 않으니, 그 점에 대해서는 걱정할 필요가 없다.

더구나 너의 프랑스어 실력은 거의 완벽한 수준이다. 그러니 프랑스 사회에 적응하는 데에도 큰 어려움은 없을 것이다. 그렇게 된다면 지금까지 파리에 머물렀던 누구보다도 충실한 시간을 보내게 되지 않겠느냐. 이보다 더 바랄 것이 무엇이겠느냐.

유감스럽게도 프랑스로 건너간 영국 청년들 가운데 상당수는 프랑스어를 제대로 구사하지 못한다. 그뿐만 아니라 사람들과 어울리는 법도 몰라 자기 생각을 표현하지 못하고, 결국 프랑스 사회를 이해하지도 못한 채 지내다 돌아온다. 그렇게 되면 자연히 위축되고, 스스로를 '할 수 없는 사람'으로 규정해 버린다.

어느 사회든 자신감 없는 사람을 좋아하지 않는다. 남성이든 여성이든 마찬가지다. 자신이 할 수 없다고 믿는 순간, 정말로 아무것도 할 수 없게 된다. 반대로 스스로에게 '할 수 있다.'라고 말하는 사람은 결국 방법을 찾아낸다.

너도 알다시피, 특별히 뛰어난 재능이나 깊은 교양이 없어 보이는 데도 쾌활하고 적극적이며 끈기 하나로 성공한 사람들을 우리는 종종 본다. 그런 사람은 누구에게도 쉽게 배척당하지 않는다. 어려움이 닥쳐도 쉽게 좌절하지 않고, 한두 번 넘어져도 다시 일어나 끝내 앞으로 나아간다. 그리고 결국 자신이 세운 뜻을 이루어낸다.

너도 이 점을 본받기 바란다.

이미 너는 인격과 교양이라는 든든한 바탕을 가지고 있다. 여기에 쾌활함과 끈기까지 더해진다면, 남들보다 훨씬 빠르고 확실하게 네가 원하는 목표에 도달할 수 있을 것이다.

10
끝까지 포기하지 않고
노력하면 길이 열린다

아들아, 사회에서는 재능이 필요하다는 말을 흔히 한다. 물론 재능은 중요하다. 그러나 그것이 전부는 아니다. 자기 생각을 분명히 갖고, 그것을 불필요하게 드러내지 않으며, 확고한 의지와 불굴의 끈기를 지닌 사람이라면 두려울 것이 없다.

굳이 불가능해 보이는 일에 무모하게 도전할 필요는 없다. 그러나 가능성이 있는 일이라면, 주저하지 말고 갖가지 방법과 수단을 동원해 도전해 보아라. 한 가지 방법으로 길이 막히면, 다른 길을 찾아 나서면 된다. 처음부터 완벽한 해답을 기대하지 말고, 시도 속에서 알맞은 방법을 찾아내는 것이 중요하다. 그렇게 하다 보면, 결국 길은 열리게 마련이다.

역사를 조금만 되돌아보아도, 강한 의지와 끈기로 뜻을 이루어낸 사람들이 적지 않다는 사실을 알 수 있다. 예컨대 프랑스의 정치가이

자 추기경이었던 마자랭과 여러 차례 교섭 끝에 피레네 조약을 성사시킨 재상 돈 루이 드 알로가 그러하다. 그는 타고난 냉정함과 끈기를 바탕으로 협상을 유리하게 이끌었고, 중요한 문제에 대해서는 단 한 발짝도 물러서지 않으면서도 끝내 합의에 도달했다.

이 사례가 말해 주는 것은 분명하다. 끈기는 완고함이 아니라, 방향을 잃지 않는 힘이라는 점이다. 물러설 때와 지킬 때를 구분하고, 끝까지 버티며 기회를 기다릴 줄 아는 사람이 결국 원하는 결과를 얻는다.

그러니 기억해라, 아들아.

한 번의 실패로 길이 닫혔다고 생각하지 마라.

길은 포기하는 순간 닫히고, 계속 두드리는 사람 앞에서만 열린다.

일생에 기회가 적은 것은 아니다.
다만 그것을 알아볼 눈과
붙잡을 의지를 가진 사람이 나타날 때까지
기회는 잠자고 있을 뿐이다.
설령 재난이라 할지라도,
의지 있는 사람 앞에서는
오히려 새로운 가능성을 품게 된다.

-로런스 굴드

신뢰받을 수 있는
인간관계의 비결

1
상대로부터 신뢰받을 수 있는
인간이 되어라

앞에서 어떤 사람들과 교제해야 하는지를 이야기했으니, 오늘은 그 사람들과 어떻게 교제해야 하는지에 대해 말하고자 한다. 이것은 이론이 아니라, 내가 오랜 시간 살아오며 직접 겪고 깨달은 결과다. 분명 네게도 도움이 될 것이다.

상대방을 기쁘게 해주려는 마음을 가져라.

가장 먼저 분명히 말해 두고 싶은 것이 있다.

아무리 훌륭한 사람들과 깊은 관계를 맺고 있다 해도, 상대방을 기쁘게 해주려는 마음이 없다면 그 교제는 오래가지 않는다. 인간관계에서 신뢰의 출발점은 재능도, 지위도, 말솜씨도 아니다. 바로 상대를 향한 마음이다.

너는 예전에 스위스를 여행하던 중, 현지에서 받은 친절한 대접이 너무 기뻐서 내게 편지를 보낸 적이 있지. 그때 나는 너를 대신해 그분

들께 감사의 편지를 썼고, 동시에 너에게 이런 말을 전해 주었다. 기억하고 있느냐?

"남이 너에게 마음을 써 주는 것이 그렇게 기쁘다면, 너도 남에게 그렇게 마음을 써 주어라. 네가 진심으로 친절하게 대할수록, 상대 역시 기쁨을 느끼게 된단다."

나는 이것이 사람과 교제하는 데 필요한 가장 기본적인 원칙이라고 생각한다. 사람은 사랑하거나 존경하는 대상에게는 굳이 애쓰지 않아도 자연스럽게 마음을 쓰고, 염려하고, 기쁘게 해주고 싶어지는 법이다. 반대로 이런 마음이 없다면, 어떤 기술이나 예절도 진정성을 가질 수 없다.

교제의 핵심은 언제나 상대방을 먼저 생각하는 마음이다. 그 마음이 있으면, 무엇을 말해야 하는지, 어떻게 행동해야 하는지도 자연히 알게 된다. 억지로 배운 예절보다 훨씬 정확하게 말이다.

물론 사람을 기쁘게 해주고 싶은 마음은 누구나 가지고 있다. 그러나 실제로 사람을 기쁘게 해주는 방법을 아는 사람은 많지 않다. 너는 이 차이를 꼭 기억해야 한다. 그렇다고 해서 특별한 규칙이나 복잡한 기술이 필요한 것은 아니다.

가장 간단하면서도 확실한 방법은 이것이다.

남이 너에게 해주어서 기뻤던 일을, 너도 그대로 남에게 해주는 것.

누군가의 말 한마디가 너를 위로했는지, 어떤 배려가 고마웠는지, 어떤 태도가 마음에 남았는지를 떠올려 보아라. 그리고 똑같이 행동해 보아라. 그러면 상대도 틀림없이 기쁨을 느낄 것이다.

기억해라, 아들아.

신뢰는 요구해서 얻는 것이 아니라, 상대의 마음을 먼저 헤아릴 때 자연스럽게 따라오는 것이다.

사람을 기쁘게 해주려는 진심이 있을 때, 그 교제는 비로소 오래가고, 깊어진다.

2
혼자서 대화를 독점하지 마라

아들아, 말을 잘하는 것은 분명 장점이다. 그러나 혼자서만 말하는 것은 결코 좋은 일이 아니다. 대화는 혼자 차지하는 자리가 아니라, 함께 만들어 가는 공공의 공간이다. 네가 혼자서 모든 몫을 차지해 버린다면, 그것은 대화가 아니라 독백에 불과하다.

반대로 네가 그런 몰지각한 사람에게 붙잡혀, 어쩔 수 없이 그 이야기를 들어야 하는 상황에 놓일 수도 있다. 그럴 때에는 무례하게 등을 돌리거나 표정을 일그러뜨리지 말고, 겉으로는 주의를 기울이는 척하며 참고 있는 것이 낫다. 단호하게 끊어 버리는 태도는 상대에게 큰 모욕으로 받아들여질 수 있다. 그 사람에게는 네가 조용히 들어 주는 것만으로도 충분히 만족스러운 일일 것이다.

대화의 화제는 가능하면 함께 있는 사람들이 모두 흥미를 느끼고 얻을 것이 있는 것을 고르는 편이 좋다. 역사 이야기, 문학 이야기, 다른 나라의 풍습과 문화 같은 주제는 날씨나 옷차림, 시시한 소문보다 훨씬 유익하고 오래 남는다.

물론 때로는 가볍고 익살스러운 이야기가 필요할 때도 있다. 내용 자체는 별 의미가 없더라도, 여러 부류의 사람들이 모인 자리에서는 공통적으로 웃을 수 있는 화제가 분위기를 부드럽게 만든다.

상대에 따라 화제를 선택하라는 말은 굳이 반복하지 않아도 네가 잘 알고 있을 것이다. 정치가에게 어울리는 화제가 있고, 학자에게 어울리는 화제가 있으며, 여성에게 자연스러운 화제도 있다. 같은 화제를 언제 어디서나 똑같은 방식으로 꺼내는 것은 지혜롭지 못하다.

경험이 쌓일수록, 상대와 상황에 맞게 화제의 빛깔을 바꿀 줄 알아야 한다. 이것은 교활함도, 야비함도 아니다. 인간관계를 부드럽게 이어 주는 윤활제와 같은 기술일 뿐이다.

가능하다면, 그 자리의 분위기를 억지로 이끌려 하지 말고 주변의 분위기에 자신을 맞추는 편이 좋다. 장소에 따라 진지해질 줄도 알고, 때로는 쾌활해질 줄도 알아야 한다. 필요하다면 적절한 농담을 건네는 것도 바람직하다. 이것은 많은 사람 속에 있을 때 지켜야 할 기본적인 예의다.

굳이 자신을 드러내려 애쓰지 않아도, 그 사람에게 장점이 있다면 그 장점은 자연스럽게 대화 속에서 드러나게 마련이다. 애써 과시하려 할수록 오히려 가벼워 보이기 쉽다.

마지막으로 한 가지 더 기억해라.

가능한 한 의견이 첨예하게 대립하는 화제는 피하는 것이 좋다. 자 칫하면 분위기가 험악해질 수 있다. 만약 논쟁이 심각해질 것 같다면, 적당히 화제를 바꾸거나 기지를 발휘해 대화를 마무리하는 편이 현명하다.

기억해라, 아들아.

대화에서 중요한 것은 말의 양이 아니라, 함께 있는 사람들을 편안하게 만드는 배려다.

그 배려를 아는 사람이 결국 신뢰받는 사람이 된다.

3
자신의 이야기는
가능한 한 하지 마라

아들아, 어떤 경우에도 끊임없이 자기 이야기만 늘어놓는 일만큼 경계해야 할 행동은 없다. 아무리 훌륭한 사람이라 해도, 자기 이야기를 시작하는 순간 허영심과 자존심은 자연히 고개를 들게 마련이다. 그리고 그것은 대부분의 경우, 듣는 사람에게 불쾌함만 남긴다.

자기 이야기에도 여러 유형이 있다.

가장 무례한 경우는 대화의 흐름과 전혀 상관없이 갑자기 자기 이야기를 꺼내는 사람이다. 이런 사람의 말은 대개 자기 자랑으로 끝난다. 이는 명백히 예의에 어긋난 행동이다.

더 교묘한 유형도 있다. 마치 아무 이유 없이 부당한 비난을 받고 있는 사람처럼 행동하면서, 자신의 입장을 설명하는 척하다가 슬며시 자기의 장점과 공로를 늘어놓는 경우다. 겉으로는 해명처럼 보이지만, 실상은 자기를 드러내기 위한 계산된 자기 자랑에 불과하다.

또 한 가지, 더욱 어리석은 방식이 있다.

겉으로는 자신을 낮추는 척하며 자기 이야기를 시작하는 경우다. "나는 부족한 사람이다.", "나는 늘 손해만 본다."와 같은 말로 자신을 비하하며 이야기를 풀어간다. 하지만 이것 역시 형태만 바뀐 자기 이야기일 뿐이다.

이런 사람들은 자신도 알고 있다. 그런 푸념이 주위 사람들의 존경을 얻지 못하고, 동정조차 불러오지 못한다는 사실을 말이다. 사람들은 그런 이야기를 들으며 공감하기보다는 난처해하고, 당황하며, 어떻게 반응해야 할지 몰라 불편해질 뿐이다.

그럼에도 불구하고 그들은 그 버릇을 고치지 못한다. 왜냐하면 자기 자신이 결점투성이임을 너무 잘 알고 있기 때문이다. 그리고 그런 인간은 성공은커녕 사회 속에서 평온하게 살아가기조차 쉽지 않다는 사실도 알고 있다. 하지만 알고 있다고 해서 행동이 바뀌는 것은 아니다.

너도 앞으로 살면서 이런 사람들을 자주 만나게 될 것이다.

그럴 때에는 그들의 말을 곧이곧대로 받아들이지도 말고, 그 방식에 휩쓸리지도 마라. 무엇보다 너 자신이 그런 사람이 되지 않도록 항상 경계해야 한다.

기억해라, 아들아.

품위 있는 사람은 자기 이야기를 줄이고, 신뢰받는 사람은 타인의 이야기를 존중한다.

대화에서 침묵할 줄 아는 사람만이 결국 가장 많은 말을 하게 된다.

4
침묵하고 있어도
장점은 빛난다

아들아, 앞에서 말한 어리석은 행동을 피하는 가장 확실한 방법은 자기 이야기를 하지 않는 것이다. 경력이나 이력처럼 불가피하게 자신의 이야기를 해야 하는 자리에서도, 말 한마디 한마디가 자기 자랑으로 오해받지 않도록 늘 주의를 기울여야 한다.

인격이란 선악을 막론하고 언젠가는 반드시 드러나게 마련이다. 그러니 굳이 스스로 입을 열어 설명할 필요는 없다. 더구나 사람이 자기 입으로 자신의 장점을 말하면, 이상하게도 그 말은 신뢰를 얻기 어렵다. 듣는 이의 마음에는 오히려 의심이나 반감이 먼저 생긴다.

혹시 이런 생각을 하고 있지는 않겠느냐.

'약점을 먼저 말해 두면 흉이 덜 보이겠지.'

'장점을 드러내면 더 빛나겠지.'

이런 생각은 모두 착각이다. 스스로 약점을 말하면 그 결점은 오히려 더 크게 부각되고, 장점을 말하면 그 장점은 신기하게도 빛을 잃어 버린다. 자기 입으로 꺼내는 순간, 평가의 기준이 바뀌어 버리기 때문이다.

반대로 아무 말도 하지 않고 침묵을 지키고 있으면, 적어도 점잖고 신중한 사람이라는 인상을 남길 수는 있다. 더 나아가 불필요한 질투나 비방, 비웃음에 휘말려 정당한 평가가 흐려질 위험도 피할 수 있다.

아무리 교묘하게 말을 꾸민다 해도, 자기 자신이 직접 나서서 설명하고 변명하는 순간 사람들의 마음은 차갑게 식는다. 기대했던 모습과 다를 경우, 그 실망은 더 크게 돌아온다. 그런 불행한 결과를 막는 가장 좋은 방법은 단 하나다. 되도록 자기 이야기를 하지 않는 것.

기억해라, 아들아.

장점은 말해서 드러나는 것이 아니라, 시간과 행동 속에서 자연스럽게 비친다.

침묵하고 있어도 빛나는 장점이라면, 그것이야말로 진짜 장점이다.

항상 침묵을 지킬 줄 아는 사람은
신에 가까워지기 쉽다.
그러나 행동이 가벼운 사람은
쓸데없이 말을 흩뿌리고,
곧 고독과 초조함에 사로잡힌다.
후회할 일을 삼가겠다는 결심은
곧 진실에 다가서는 첫걸음이다.
할 말은 하되,
불필요한 말은 삼가라.

-탈무드

5
경거망동하지 말고
중심을 잡고 행동해라

아들아, 무엇을 생각하는지 전혀 알 수 없는 사람이나, 지나치게 어둡고 폐쇄적으로 보이는 태도 역시 칭찬받을 일은 아니다. 무엇보다 안색과 표정이 굳어 있으면, 의도하지 않게 공연한 오해를 사기 쉽다. 그리고 속을 알 수 없는 사람에게는 누구도 자신의 속마음을 털어놓지 않는다.

능력 있는 사람은 내면에서는 늘 신중하지만, 그것을 겉으로 드러내지 않는다. 겉모습만 보면 누구와도 자연스럽게 어울리고, 친절하며, 영리한 사람처럼 보인다. 본심과 기준은 단단히 지키되, 외형적으로는 개방적인 태도를 유지함으로써 상대의 경계를 스스로 풀게 만드는 것이다.

이것은 위선이 아니다. 세상을 살아가기 위한 지혜다.

중심은 안에 두고, 태도는 부드럽게 해라.

자기 생각을 함부로 드러내지 않으면서도, 상대가 편안함을 느끼게 하는 사람은 언제나 신뢰를 얻는다.

자신을 굳게 지켜야 하는 이유는 분명하다.

부주의하게 내뱉은 말은, 언젠가 왜곡된 형태로 되돌아온다.

사람들은 네 말을 네 의도대로 기억하지 않는다. 각자의 필요와 이해에 따라 인용하고, 이용하고, 때로는 무기로 삼는다.

그러니 경거망동하지 마라.

말과 행동의 중심을 잃지 말고, 늘 한 박자 늦게 판단해라.

가볍지 않되 답답하지 않게, 조심스럽되 소극적이지 않게 행동하는 사람만이 오래도록 신뢰받는다.

기억해라, 아들아.

중심이 단단한 사람은 흔들리지 않고, 태도가 부드러운 사람은 멀어지지 않는다.

이 두 가지를 함께 지킬 수 있을 때, 너는 어떤 자리에서도 품위를 잃지 않게 될 것이다.

6

상대의 말은 귀가 아니라
눈으로 듣는다

아들아, 말을 할 때나 들을 때는 언제나 상대방의 눈을 보아야 한다. 이것은 단순한 예절이 아니라, 인간관계의 기본이다.

말하는 사람의 눈을 보지 않고 천장을 올려다보거나, 창밖을 내다보거나, 탁자 위의 물건을 만지작거리는 행동은 그 자체로 무례다. 그것은 지금 말하고 있는 사람보다 다른 것이 더 중요하다고 공개적으로 선언하는 것과 다르지 않다.

조금이라도 자존심이 있는 사람이라면 그런 태도에 불쾌함을 느낄 수밖에 없다. 이런 대접을 받고도 마음이 상하지 않을 사람은 없다. 상대방을 존중하지 않는 태도는, 말 한마디 하지 않아도 눈길 하나로 충분히 전달된다.

그러나 눈을 마주치지 않는 태도가 해로운 이유는 그것만이 아니다. 그것은 자기의 손해이기도 하다.

상대방의 눈을 보지 않으면, 내가 한 말이 어떻게 받아들여지고 있는지 알 수 없다. 공감하고 있는지, 불편해하는지, 동의하는지, 혹은 마음속으로 거부하고 있는지를 살필 기회를 스스로 버리는 셈이다.

나는 상대의 마음을 읽으려면 귀보다는 눈에 의지하는 편이 낫다고 생각한다.

사람은 생각하지 않는 것도 입으로는 말할 수 있다. 그러나 눈까지 속이기는 매우 어렵다. 말은 꾸밀 수 있어도, 눈빛에는 진심이 스며 나오기 마련이기 때문이다.

그러니 기억해라.

상대의 말을 제대로 듣고 싶다면, 먼저 상대의 눈을 바라보아라.

그것이 예의이자, 통찰이며, 신뢰받는 사람의 가장 기본적인 태도다.

7

다른 사람을 헐뜯지 마라

아들아, 다음으로 꼭 당부하고 싶은 것이 있다. 남의 나쁜 소문에 귀를 기울이거나, 그것을 퍼뜨리는 일은 절대로 하지 마라. 당장은 흥미롭고 즐거울지도 모른다. 그러나 조금만 냉정하게 생각해 보면, 그런 행동이 너에게 가져다주는 이익은 아무것도 없다는 사실을 알게 될 것이다.

사람을 헐뜯으면, 겉으로는 그 사람이 비난받는 것처럼 보일지 모르지만, 결국 평가받는 쪽은 헐뜯은 사람 자신이다. 남의 단점을 입에 올리는 순간, 너의 인격 또한 그 수준으로 끌어내려진다. 신뢰는 그렇게 조용히 무너진다.

이와 함께 주의해야 할 것이 하나 더 있다.

지나치게 큰 소리로 웃는 태도 역시 바람직하지 않다. 큰 웃음은 겉으로는 쾌활해 보일 수 있으나, 실제로는 다른 곳에서는 기쁨을 찾지 못하는 사람의 모습일 때가 많다. 진정으로 기지가 풍부하고 분별력 있는 사람은, 남을 바보처럼 웃게 만들지도 않고, 자기 자신을 가볍게 웃음거리로 만들지도 않는다.

바보스러운 웃음은 사실 참으려면 그리 어렵지 않다. 약간의 의식과 노력만 있으면 충분히 절제할 수 있다. 그럼에도 사람들이 이를 참지 못하는 이유는, 웃음은 무조건 좋은 것이라는 고정관념에 사로잡혀 있기 때문이다. 그래서 자신도 모르게 그 행동이 얼마나 가벼워 보이는지 깨닫지 못한다.

웃음도 말과 마찬가지로 품위가 필요하다.

기쁨을 표현하되 절제하고, 즐거움을 나누되 타인을 낮추지 마라. 그렇게 웃는 사람의 태도에는 자연스럽게 신뢰와 여유가 배어 나온다.

기억해라, 아들아.

남을 헐뜯는 말과 가벼운 웃음은 잠깐의 즐거움을 줄 수는 있어도, 오래 남는 존중은 남기지 못한다.

신뢰받는 사람은 언제나 말과 웃음 모두에 책임을 진다.

8

상대방에 대한
배려를 기억해라

아들아, 남을 화나게 하기보다 기쁘게 하고 싶고, 비난받기보다 칭찬받고 싶으며, 미움을 받기보다 사랑을 받고 싶다면 언제나 상대방에 대한 배려를 잊어서는 안 된다. 배려란 특별한 기술이 아니라 먼저 상대를 잘 관찰하는 태도에서 시작된다.

사람에게는 저마다 작은 버릇과 취향, 좋아하는 것과 싫어하는 것이 있다. 그것을 유심히 살펴 상대가 좋아하는 것은 자연스럽게 곁에 두고, 싫어하는 것은 조심스럽게 피하는 것만으로도 배려는 충분히 전달된다. 이런 태도는 일부러 드러내지 않아도 상대의 마음을 스스로 열게 만든다.

반대로 상대가 싫어한다는 사실을 알면서도 부주의하게 그것을 반복한다면 결과는 분명하다. 상대는 무시당했다고 느끼거나 푸대접을 받았다고 생각하게 되고, 그 불쾌한 감정은 오래 남아 관계를 흐리게 만든다.

배려는 거창할 필요가 없다. 오히려 아주 사소한 배려일수록 사람의 마음을 더 깊이 움직인다. 큰 친절보다 예상하지 못한 작은 배려 하나가 더 큰 감동을 주는 법이다. 너도 사소한 배려 하나가 얼마나 오래 마음에 남았는지를 떠올려 보아라. 그 일 하나로 인해 그 사람에게 호감을 갖게 되고, 이후 그의 말과 행동까지도 자연스럽게 좋게 받아들이게 되지 않았느냐. 인간이란 본래 그런 존재다.

기억해라, 아들아. 배려는 계산으로 얻는 호의가 아니라 관심에서 비롯되는 신뢰다. 상대를 움직이려 하지 말고 먼저 배려해라. 그 배려가 쌓일수록 너는 말하지 않아도 존중받는 사람이 될 것이다.

9

상대방이 칭찬받고 싶어 하는 것을
칭찬해라

특정한 사람의 마음에 들고 싶거나, 그와 진정한 관계를 맺고자 한다면 그 사람의 장점과 단점을 차분히 살펴보고, 그가 칭찬받고 싶어 하는 부분을 알아내는 것이 중요하다. 사람에게는 실제로 뛰어난 부분이 있는가 하면, 스스로는 특히 우수하다고 인정받고 싶어 하는 영역이 따로 존재한다. 실제 장점을 칭찬받는 것도 기쁜 일이지만, 마음속으로 갈망하던 부분을 인정받을 때 느끼는 만족감은 그보다 훨씬 크다. 이것만큼 자존심을 충족시켜 주는 일도 드물다.

당시 프랑스의 실권자였던 추기경 리슐리외의 사례를 떠올려 보아라. 그는 정치가로서 이미 누구도 부정할 수 없는 명성을 쌓았지만, 그것만으로는 만족하지 못했다. 그는 시인으로서도 위대하다는 평가를 받고 싶어 했고, 그 허영심 때문에 코르네유의 명성을 질투하며 '르시드'에 대한 혹독한 비평을 쓰게 하기도 했다. 이를 간파한 아첨꾼들은 그의 정치적 수완에 대해서는 형식적으로만 언급하고, 대신 시인으로서의 재능을 과도할 정도로 칭찬했다. 그것이야말로 리슐리외의 마음을 사로잡는 가장 효과적인 방법이라는 사실을 알고 있었기 때문이다. 그는 정치적 능력에는 자신이 있었지만, 시적 재능에 대해서는 늘 불안함을 품고 있었던 것이다.

어떤 사람에게나 남에게 인정받고 싶어 하는 약점이자 욕망이 있다. 그것을 발견하는 가장 좋은 방법은 유심히 관찰하는 일이다. 그 사람이 자주 꺼내는 화제, 반복해서 언급하는 관심사를 주의 깊게 살펴보아라. 대개 사람은 자기가 칭찬받고 싶어 하는 것, 우수하다고 인정받고 싶은 것을 가장 자주 말하게 마련이다. 바로 그 지점이 핵심이다. 그 부분을 정확히 짚어 주면, 상대방의 마음은 자연스럽게 열리게 된다.

10

뒤에서 칭찬받는 것보다
기쁜 것은 없다

상대방을 가장 기쁘게 만드는 칭찬의 방법은, 다소 전략적이긴 하지만 뒤에서 칭찬하는 것이다. 물론 단순히 뒤에서만 칭찬한다고 해서 의미가 생기는 것은 아니다. 그 칭찬이 결국 당사자의 귀에 반드시 들어가야 한다는 점이 중요하다.

그래서 핵심은, 그 말을 전해 줄 사람을 잘 고르는 일이다. 칭찬을 전달함으로써 오히려 자신도 득을 볼 수 있는 사람을 선택하면 좋다. 그런 사람은 그 말을 확실히 전해 줄 뿐 아니라, 경우에 따라서는 더 좋게, 더 크게 칭찬해 주기도 한다. 남에 대한 찬사 가운데 이보다 더 기쁘고 효과적인 방식은 드물다고 해도 과언이 아니다.

지금까지 내가 이야기해 온 것들은, 앞으로 사회생활의 첫발을 내딛게 될 네가 기분 좋고 신뢰받는 교제를 만들어 가는 데 꼭 필요한 지혜들이다. 나 역시 네 나이 때 이런 것들을 알았더라면 얼마나 좋았을까 하는 생각을 자주 한다. 이 정도의 사실을 깨닫는 데에 나에게는 무려 35년의 시간이 필요했다. 그러나 지금 네가 이 지혜를 미리 받아들여 그 열매를 거두게 된다면, 그 세월에 대한 후회는 없을 것이다.

기억해라, 아들아.

칭찬은 직접 들을 때보다, 뒤에서 들을 때 훨씬 오래 마음에 남는다.

그것이 진심이라면, 사람의 신뢰와 호의는 자연히 따라온다.

친구를 칭찬할 때는 널리 알리고,
친구를 책망할 때는 남이 모르게 하라.

-독일 속담

11
진정한 친구가 많아야
최고의 강자다

이 세상에 적이 전혀 없는 사람은 없으며, 모든 사람에게 사랑받는 사람도 없다. 그렇다고 해서 사랑받기 위한 노력이 무의미하다는 뜻은 아니다. 오히려 사람과의 관계를 어떻게 만들어 가느냐에 따라 인생의 무게와 방향은 크게 달라진다.

나의 오랜 경험으로 보건대, 친구가 많고 적이 적은 사람이야말로 이 세상에서 가장 강한 사람이다. 그런 사람은 원한을 사거나 질투를 받을 일이 적어 자연스럽게 기회가 모이고, 출세 또한 빠른 편이다. 설령 인생의 어느 순간 몰락을 겪는다 하더라도, 사람들의 동정과 신뢰 속에서 품위 있게 물러날 수 있다. 이것은 결코 작은 힘이 아니다.

이렇게 생각해 보면, 친구를 늘리고 적을 줄이는 일은 단순한 인간관계 기술이 아니라 인생 전체를 관통하는 전략이라고 할 수 있다. 언제나 마음에 새겨 두고, 스스로에게 하나의 목표로 삼아 노력해 볼 만한 가치가 충분하지 않겠느냐.

기억해라, 아들아.

강한 사람은 싸움에서 이기는 사람이 아니라, 싸울 필요가 없도록 관계를 만들어 온 사람이다.

진정한 친구가 많을수록, 너는 이미 가장 강한 자리에 서 있는 것이다.

12

사람은 머리가 아니라
배려로 자신을 지킨다

사람을 지켜 주는 것은 뛰어난 머리나 날카로운 계산이 아니라, 결국 타인을 향한 배려다. 이미 세상을 떠난 오몬드 공작의 삶은 이를 분명하게 보여 준다. 그는 아일랜드의 정치가였으며, 솔직히 말해 지적인 능력 면에서는 뛰어나다고 평가받지 못했다. 거의 모든 분야에서 유능하다고 말하기 어려운 사람이었다. 그러나 예의범절과 인간적인 품격에 있어서는 그를 능가할 사람이 없었다. 이 나라에서 손꼽히는 인품을 지닌 인물이었다.

그는 본래 친절하고 상냥한 성품을 타고났고, 궁정과 군대 생활을 거치며 몸에 밴 유연한 말투와 행동, 그리고 사람을 배려하는 태도를 갖추고 있었다. 이러한 인간적 매력은 그의 부족한 능력을 충분히 보완하고도 남을 정도였다. 누구에게서도 '유능한 인물'이라는 평가는 받지 못했지만, 누구에게서든 사랑과 신뢰를 받았다.

그의 인품이 얼마나 깊이 사람들의 마음에 남아 있었는지는 앤 여왕이 서거한 이후의 정치적 혼란 속에서 분명히 드러났다. 당시 불온한 움직임에 가담했다는 혐의로 여러 인물들이 탄핵 재판에 넘겨졌고, 오몬드 공작 역시 형식상 같은 처벌 대상에 포함되었다. 그러나 치열한 정당 간 대립 속에서도 그의 탄핵은 다른 인물들에 비해 현저히 적은 찬성표로 상원을 통과했다. 이는 그를 철저히 몰락시키려는 의도가 아니었음을 분명히 보여 준다.

더 나아가 탄핵을 주도했던 국무대신 스탠호프조차도 조지 1세와의 교섭을 서둘러 진행하며, 다음 날 공작을 왕에게 접견시키려는 계획까지 세워 두었다. 결국 스튜어트 왕조 부활파였던 로체스터 주교가 "왕을 만나도 굴욕적인 복종만 강요당할 뿐 용서를 받지 못할 것"이라 설득하며 공작을 도피시킨 일이 없었다면, 그의 운명은 또 달라졌을지도 모른다.

이후 오몬드 공작의 특권 박탈이 가결되었을 때조차도, 그에 항의하는 민중이 거리로 쏟아져 나와 치안을 어지럽히는 대소동이 벌어졌다. 공작에게는 적이 거의 없었던 반면, 그를 아끼고 호감을 품은 사람들은 수천 명에 이르렀기 때문이다.

이 모든 일의 근본 원인은 단 하나였다. 그는 남을 기쁘게 해주고자 하는 자연스러운 마음을 지니고 있었고, 그것을 삶 속에서 꾸준히 실천해 왔다는 점이다. 계산된 친절이 아니라 몸에 밴 배려, 말이 아니라 태도로 보여 준 존중이 결국 그를 지켜 준 것이다.

13
사랑받고자 하는 노력을
게을리하지 마라

아들아, 내가 지금까지 살아온 사십여 년의 경험을 바탕으로 다시 스무 살부터 인생을 시작할 수 있다면, 나는 인생의 많은 시간을 가능한 한 많은 사람에게 사랑받기 위해 노력하는 데 쓰고 싶다. 그만큼 그것은 삶의 결과를 크게 바꾸는 힘을 지니고 있다.

나는 지금까지 겉으로 보기에는 아름답지만 조금도 마음을 끌지 못하는 사람들, 사리 분별은 분명한데 아무리 시간을 보내도 좋아지지 않는 사람들을 적지 않게 보아 왔다. 이유는 분명하다. 그들은 자신의 외모나 능력에 대한 자신감에 기대어, 사람의 마음을 얻는 법을 배우는 일을 게을리했기 때문이다. 이것이야말로 얼마나 큰 착각이겠느냐.

반대로, 세상적인 기준으로 보아 특별히 아름답다고 말하기는 어려웠지만, 진심으로 사랑하게 된 여인도 있었다. 그녀에게는 기품이

있었고, 남을 기쁘게 하는 법과 사람의 마음을 붙잡는 법을 자연스럽
게 알고 있었다. 나는 내 생애에서 그녀를 사랑했을 때만큼 어떤 일에
도 그렇게 깊이 몰입했던 적이 없었던 것 같다. 그것이 바로 사랑받는
힘이다.

기억해라, 아들아.

사랑은 외모나 능력 위에 오래 머물지 않는다. 사랑은 태도와 배
려, 그리고 상대의 마음을 소중히 여기려는 노력 위에 자란다. 사랑받
고 싶다면, 먼저 사랑받을 만한 사람이 되기 위해 애써라. 그 노력만큼
확실한 투자도 드물다.

자기 자신을 존중하듯 남을 존중할 수 있는 사람,

남이 자기에게 해주기를 바라는 것을

기꺼이 남에게 해줄 수 있는 사람이야말로

진정한 사랑을 아는 사람이다.

이 세상에 그보다 더 값진 것은 없으며,

이것이야말로 처세의 최상급 비법이다.

-공자

제8장

사람의
마음을 얻는 법을
배워라

1
골격과 장식이 어우러진
아름다운 건축물

아들아, 너라는 작은 건축물도 이제 골조가 거의 완성되어 가고 있다. 이제 남은 일은 그것을 아름답게 마무리하는 것이다. 이것이 바로 너의 과제이자, 동시에 나의 가장 큰 관심사다. 너는 앞으로 우아함과 매너, 소양을 몸에 지녀야 한다. 물론 이런 것들은 골조가 단단하지 않으면 값싼 장식에 불과하다. 그러나 골조가 확고하다면, 장식은 건축물을 더욱 돋보이게 만든다.

사실 아무리 구조가 튼튼한 건축물이라도 장식이 전혀 없다면 어딘가 매력이 부족해 보이기 마련이다. 마찬가지로 인간도 능력과 인격이라는 골격만으로는 충분하지 않다. 그 위에 우아함과 예절, 세련된 태도가 더해질 때 비로소 사람의 마음을 끌어당기는 힘이 생긴다. 그러므로 골조를 단단히 다지는 일에만 몰두한 나머지, 우아함·매너·소양 같은 요소를 하찮게 여겨서는 안 된다. 그것들은 겉치레가 아니라, 완성도를 높이는 마지막 손질이기 때문이다.

기억해라, 아들아.

사람의 마음을 얻는다는 것은 단순히 옳은 사람이 되는 일이 아니다. 단단한 골격 위에 조화로운 장식을 더하는 일, 그것이 사람의 마음을 사로잡는 진짜 비결이다.

2
우아함과 견고함을 함께 갖춘
건축물이 되어라

아들아, 토스카나식 건축 양식을 알고 있겠지. 그것은 모든 건축 형식 가운데 가장 견고한 양식이다. 그러나 동시에 가장 소박하고, 세련미와 멋이 부족한 양식이기도 하다. 튼튼하다는 점만 놓고 보면 건축물의 기초나 토대로는 더할 나위 없이 적합하다. 하지만 만약 모든 건축물을 오직 이 양식으로만 세운다면 어떻게 되겠느냐.

그 건물에 매력을 느끼는 사람은 거의 없을 것이다. 그 앞에서 발길을 멈추는 사람도, 굳이 안으로 들어가 보고 싶어 하는 사람도 드물 것이다. 정면부터 딱딱하고 무미건조하다면, 내부 역시 별다르지 않을 것이라고 짐작하는 것이 자연스럽기 때문이다. 사람들은 굳이 시간을 들여 마무리나 장식을 확인할 필요조차 느끼지 않을 것이다.

그러나 토스카나식의 단단한 토대 위에 도리스식이나 이오니아식, 혹은 코린트식 기둥이 세워져 아름다움을 더하고 있다면 이야기는 달라진다. 건축에 관심이 없는 사람조차도 무의식중에 시선을 빼앗기게 되고, 아무 생각 없이 지나가던 사람도 저도 모르게 발걸음을 멈추게 된다. 그리고 그 안에는 무엇이 있는지 한 번쯤 들여다보고 싶어질 것이다.

사람도 이와 다르지 않다. 인격과 능력이라는 견고한 골조만으로는 충분하지 않다. 그 위에 우아함과 매너, 세련된 태도가 더해질 때 비로소 사람의 마음을 끌어당기는 힘이 생긴다. 견고함만 있는 인간은 믿을 수는 있어도 다가가기 어렵고, 우아함만 있는 인간은 눈길은 끌어도 오래 머물지 못한다.

기억해라, 아들아. 네가 되어야 할 모습은 어느 한쪽이 아니다. 단단한 토대 위에 우아한 기둥을 세운 건축물처럼, 견고함과 우아함을 함께 갖춘 인간, 그것이 사람의 마음을 얻는 진정한 완성형이다.

3

재능을 갈고닦아
자신을 돋보이게 해라

여기에 한 사람이 있다. 지식이나 교양 면에서 특별히 내세울 만한 것은 없지만, 인상이 좋고 말하는 솜씨에도 자연스러운 호감이 따른다. 말과 행동에 품위가 있고, 정중하며, 사람을 대하는 태도에 붙임성이 있다. 다시 말해 그는 자기 자신을 돋보이게 하는 재능을 지닌 인물이다.

또 다른 사람이 있다. 지식은 풍부하고 판단력도 정확하다. 그러나 앞의 인물에게 있던, 자신을 돋보이게 하는 재능은 부족하다. 태도는 다소 거칠고, 품위나 정중함, 붙임성도 눈에 띄지 않는다.

이 둘 가운데 과연 누가 세상의 풍파를 더 잘 헤치고 나갈 수 있을까. 답은 분명하다. 반드시 더 많이 아는 사람이 아니다.

대체로 현명하다고 말하기 어려운 사람들의 마음을 붙잡는 것은 언제나 겉으로 드러나는 모습이다. 그들에게는 예의범절과 몸가짐,

사람을 대하는 태도가 전부다. 그 이상을 들여다보려 하지 않는다. 그러나 솔직히 말해 이것은 현명한 사람에게도 크게 다르지 않다. 아무리 이성이 뛰어난 사람이라 해도, 눈과 귀에 거슬리고 마음을 움직이지 못하는 대상에 대해서는 끝까지 따라가려 하지 않는다.

그러니 기억해라, 아들아.

재능이란 단지 머릿속에 쌓아 두는 것이 아니다. 보이게 갈고 닦을 때 비로소 힘을 발휘한다. 예의와 태도, 말하는 방식과 몸가짐은 타고나는 것이 아니라 훈련으로 완성된다. 그것을 소홀히 하는 사람은 스스로 기회를 줄이고, 그것을 다듬는 사람은 자연스럽게 돋보이게 된다.

4
언제 어디서나
품위를 잃지 마라

아들아, 사람의 마음을 얻고 싶다면 먼저 오감에 호소하는 힘이 필요하다. 눈을 편안하게 하고, 귀를 즐겁게 해야 비로소 이성에 닿고 마음까지 사로잡을 수 있다. 그런 의미에서 나는 언제 어디서나 품위를 유지하라고 말하고 싶다. 같은 말과 같은 행동이라도, 품위가 느껴지는 경우와 그렇지 않은 경우가 받아들여지는 차이는 하늘과 땅만큼 크다.

잠시 생각해 보아라. 대답이 침착하지 못하고, 옷차림이 단정하지 않으며, 말을 더듬거리거나 작은 목소리로 우물쭈물하고, 몸짓에도 주의가 부족한 사람을 처음 만났다면 어떤 인상을 받겠느냐. 그 사람의 내면을 알 기회조차 갖지 못한 채, 마음속에서 먼저 거부하게 되지 않겠느냐.

반대로 말과 행동 하나하나에 신경을 써 자연스러운 품위가 느껴지는 사람이라면 어떨까. 그의 내면을 아직 알지 못하더라도, 첫 만남에서 이미 호의를 갖게 되고 더 알고 싶다는 마음이 들지 않겠느냐. 무엇이 그렇게 사람의 마음을 끄는지 정확히 설명하기는 어렵다. 다만 분명한 것은 산뜻한 옷차림, 부드러운 몸짓, 절도 있는 태도, 듣기 좋은 목소리, 구김살 없고 밝은 표정, 또렷한 말솜씨처럼 사소해 보이는 요소들이 모여 사람의 마음을 움직인다는 사실이다.

기억해라, 아들아.

품위는 특별한 재능이 아니라 늘 지켜지는 습관이다. 언제 어디서나 그 습관을 놓치지 않는 사람만이, 말하지 않아도 신뢰와 호의를 얻게 된다.

인간의 인격은 언제나 스스로 드러난다.
아주 짧은 순간의 행동과 말,
사소해 보이는 개인적 의도 속에서
그 사람의 인격은 숨김없이 모습을 드러낸다.

−에머슨

5

타인의 장점을
나의 것으로 만들어라

사람의 마음을 사로잡는 행동은 특별한 재능이 아니라, 누구나 익힐 수 있는 기술이다. 훌륭한 사람들을 주의 깊게 관찰하고, 그들이 자연스럽게 보여 주는 태도와 행동을 배워 자신의 것으로 만들면 된다.

처음 만났을 때 이유 없이 호감을 느끼게 되는 사람이 있다면, 그때야말로 배움의 기회다. 무엇이 나를 끌어당겼는지, 어떤 말과 행동이 좋은 인상을 남겼는지를 차분히 살펴보아라. 대개는 하나의 요소가 아니라 여러 장점이 어우러진 결과일 것이다. 겸손하면서도 당당한 태도일 수도 있고, 비굴하지 않게 존중을 표현하는 방식일 수도 있으며, 우아한 몸짓이나 절도 있는 옷차림일 수도 있다.

그 장점이 무엇인지 파악했다면, 먼저 흉내를 내는 것부터 시작해라. 다만 이때 주의할 점이 있다. 자신의 개성까지 버리고 단순히 따라 하기만 해서는 안 된다는 것이다. 위대한 화가들 역시 처음에는 다른 화가의 작품을 모방하며 시작한다. 그러나 그 모방은 결코 성의 없는 복제가 아니라, 아름다움과 자유라는 본질을 이해하려는 진지한 연습이었다. 그렇게 공들여 모방할 때에만, 원작에 뒤지지 않는 자기만의 세계가 만들어진다.

기억해라, 아들아.

타인의 장점을 배우는 일은 자신을 잃는 일이 아니라 자신을 확장하는 일이다. 잘 보고, 제대로 모방하고, 마침내 너답게 소화할 수 있을 때, 그 장점은 완전히 네 것이 된다.

6
상대방의 호감을 관찰하여
흉내를 내라

　많은 사람에게서 예의범절이 훌륭하고 자연스럽게 호감을 얻는 인물로 인정받는 사람을 만나게 되면, 반드시 그를 주목해 주의 깊게 관찰해 보아라. 그 사람이 윗사람에게는 어떤 태도로 말하고 행동하는지, 지위가 같은 사람과는 어떻게 관계를 맺는지, 지위가 낮은 사람을 대할 때는 어떤 방식으로 존중을 표현하는지를 살펴보는 것이 좋다. 아침에 만났을 때의 말투와 태도는 어떤지, 저녁 모임에서는 어떻게 달라지는지도 함께 관찰해 그대로 따라 해보는 것이다.

　그렇게 관찰하다 보면, 그 사람은 결코 남을 가볍게 대하지 않으며, 상대의 자존심이나 허영심에 상처를 주는 행동을 하지 않는다는 사실을 알게 될 것이다. 동시에 어떻게 상대의 마음을 편안하게 하고 기쁘게 붙잡고 있는지도 자연스럽게 보이게 된다. 결국 뿌리지 않은 씨는 자라지 않는다. 호감을 얻는 사람은 타고난 존재가 아니라, 정성을 들여 씨를 뿌리고 가꾸어 풍성한 열매를 맺은 사람일 뿐이다. 호감을 부르는 말과 행동은 실제로 흉내를 내고 반복하는 과정에서 반드시 몸에 익게 된다.

이 사실은 너 자신의 모습을 돌아보면 쉽게 이해할 수 있다. 지금의 너를 이루고 있는 절반 이상은, 의식했든 하지 않았든 누군가를 닮아 만들어진 것이 아니겠느냐. 중요한 것은 무엇을 흉내 낼 것인가, 그리고 무엇이 좋은 예인지를 판별하는 눈이다. 인간은 평소 자주 교제하는 사람의 분위기와 태도, 장점과 단점은 물론 사고방식까지도 무의식중에 받아들이게 마련이다.

나 역시 특별히 의식하지 않았는데도, 늘 현명한 사람들과 어울려 왔기 때문에 뜻밖의 기지나 여유 있는 판단을 발휘할 때가 있었다.

그러니 기억해라. 내가 늘 말해 왔듯이, 훌륭한 사람들과 교제한다면 너 역시 모르는 사이에 그들과 닮아가게 된다. 여기에 집중력과 관찰력이 더해진다면, 그것은 더할 나위 없는 자산이 될 것이다.

7

어떤 사람이라도
너의 스승이 될 수 있다

주위에 본받을 만한 인물이 보이지 않는다면 어떻게 해야 할까. 그럴 때는 누구든 좋으니 자기 주변의 사람들을 차분히 관찰해 보아라. 아무리 훌륭해 보이는 사람도 장점만 가질 수는 없듯이, 아무리 쓸모없어 보이는 사람이라도 반드시 한 가지쯤은 배울 점을 가지고 있다. 그 장점은 취하고, 좋지 않은 부분은 타산지석으로 삼으면 된다.

사람들에게 호감을 얻는 사람과 그렇지 못한 사람의 차이는 무엇일까. 말과 행동의 내용이 크게 다르지 않은데도 결과가 갈리는 이유는, 태도가 전혀 다르기 때문이다. 바로 그 태도가 호감을 만들어 내는 핵심이다. 세상에서 인기가 있는 인물도, 전혀 품위를 느낄 수 없는 인물도 말하고 움직이고 옷을 입고 먹고 마시는 행위 자체는 같다. 다만 그 방법과 태도가 다를 뿐이다.

그러니 배움의 대상을 제한하지 마라. 뛰어난 사람에게서는 본받을 점을 찾고, 부족해 보이는 사람에게서는 피해야 할 점을 배워라. 그렇게 한다면 어떤 사람이라도 너의 스승이 될 수 있다. 중요한 것은 사람을 평가하는 눈이 아니라, 배우려는 태도다. 그 태도를 잃지 않는 한, 너의 성장은 멈추지 않을 것이다.

물러나 조용히 구하면
배울 수 있는 스승은 많다.
사람은 가는 곳마다, 보는 것마다
모두 스승이 되어 배울 것이 있다.

-맹자

8
멋진 태도로
품위 있게 행동해라

얼마 전, 늘 너를 좋게 봐주시는 하비 부인의 편지를 받았다. 네가 어떤 모임에서 춤을 추는 모습을 보았는데, 몸놀림이 매우 우아하고 아름다웠다는 내용이었다. 나는 그 편지를 읽고 무척 기뻤다. 춤을 우아하게 출 수 있는 사람이라면, 서고 걷고 앉는 일 또한 분명 우아하게 할 수 있으리라 생각했기 때문이다.

서고, 걷고, 앉는 동작은 겉으로 보기에 단순해 보이지만, 사실 춤보다 훨씬 중요한 행위다. 내가 아는 사람들 가운데 춤은 서툴지만 몸동작이 아름다운 사람은 있어도, 춤은 잘 추는데 몸동작이 거친 사람은 한 명도 없었다. 이는 우아함이 특정 기술이 아니라, 몸에 밴 태도임을 보여 준다.

멋지게 서거나 걷는 사람은 제법 많지만, 멋지게 앉는 사람은 의외로 드물다. 사람들 앞에만 서면 위축되는 사람도 있고, 지나치게 의식을 한 나머지 등을 똑바로 세우고 딱딱하게 앉는 사람도 있다. 또 조심성 없는 성격의 사람은 의자에 온몸을 맡기듯 기대어 앉는데, 이런 자세는 친밀한 관계가 아니라면 좋은 인상을 주기 어렵다. 멋지게 앉으려면 먼저 마음을 편안히 하고, 겉으로도 그렇게 보이도록 해야 한다. 온 체중을 의자에 맡기지도 말고, 그렇다고 몸을 경직시키지도 말고, 힘을 빼고 자연스럽게 앉는 것이 좋다.

이처럼 극히 사소한 동작의 아름다움이 여성뿐 아니라 남성의 마음까지도 사로잡는다. 이것은 사교의 자리뿐 아니라 직장에서도 마찬가지다. 우아한 동작이 사람의 마음에 얼마나 깊이 작용하는지를 반드시 기억해 두어야 한다. 예를 들어 한 여성이 부채를 떨어뜨렸다고 해보자. 유럽에서 가장 우아한 사나이나, 가장 우아하지 못한 사나이나 그것을 주워 건네는 행위 자체는 같다. 그러나 결과는 전혀 다르다. 우아한 사나이는 감사의 미소를 얻지만, 우아하지 못한 사나이는 어색한 동작 때문에 웃음거리가 되기 쉽다.

우아한 태도는 공적인 장소에서만 필요한 것이 아니다. 일상에서도 마찬가지다. 작은 일을 하찮게 여기면, 막상 중요한 순간에 제대로 해내기 어렵다. 커피 한 잔을 마실 때에도 찻잔 속에서 커피가 출렁거리지 않도록 조심해라. 이런 사소한 태도 하나하나가 쌓여, 결국 사람의 마음을 사로잡는 힘이 된다.

9

옷차림에서도
그 사람의 인격이 드러난다

너도 이제 옷차림에 신경을 써야 할 나이가 되었다. 나는 사람을 볼 때 자연스럽게 그의 복장부터 살피게 되는데, 아마 다른 사람들도 크게 다르지 않을 것이다. 옷차림은 말없이 그 사람의 인품과 사고방식을 드러낸다.

내 경우에는 복장에서 조금이라도 과시하려는 기색이 느껴지면, 그 사람의 사고 또한 어딘가 비뚤어져 있지는 않은지 의심하게 된다. 지나치게 화려한 차림을 즐기는 사람을 보면, 내용의 빈약함을 위압적인 외형으로 감추려는 것은 아닐까 하는 생각이 들어 마음이 불편해진다. 반대로 옷차림에 전혀 신경 쓰지 않아 궁정 사람인지 마부인지조차 구별하기 어려운 차림을 한 사람을 보아도, 그 내면을 신뢰하기는 어렵다.

분별 있는 사람은 옷차림에 불필요한 개성이 튀어나오지 않도록 조심한다. 혼자만 유독 눈에 띄는 차림을 하지 않고, 그 지역의 지식이나 사회 분위기와 자연스럽게 어울리는 복장을 선택한다. 지나치게 화려하면 경솔해 보이고, 지나치게 초라하면 예의가 없어 보이기 마련이다.

내 생각으로는 젊은이라면 지나치게 수수하기보다는 약간 화려한 편이 낫다. 화려함은 나이가 들며 자연스럽게 가라앉지만, 무관심은 점점 비참함으로 변한다. 그것이 계속되면 마흔에는 사회에서 밀려나고, 쉰에는 사람들에게 꺼려지는 존재가 되고 만다. 그러므로 주위 사람들이 화려하게 입을 때는 너도 그에 맞추고, 간소하게 입을 때는 함께 간소하게 입어라. 다만 언제나 바느질이 단정하고 몸에 잘 맞는 옷을 입어야 한다. 그렇지 않으면 아무리 좋은 옷이라도 어색해 보인다.

그리고 그날의 복장을 정해 입었다면, 더 이상 옷에 대해 생각하지 마라. 색이 어울리는지, 조합이 이상하지 않은지 계속 신경 쓰면 몸짓이 굳어지고 태도도 부자연스러워진다. 옷은 입는 순간 잊어버리고, 마치 아무것도 걸치지 않은 것처럼 자연스럽고 편안하게 행동하는 것이 가장 좋다.

머리 모양 또한 복장의 일부이니 소홀히 하지 말아라. 양말을 흘러내리게 신거나 구두끈을 제대로 매지 않는 일도 없어야 한다. 흐트러진 발만큼 점잖지 못해 보이는 것은 없다.

마지막으로 무엇보다 중요한 것은 청결이다. 손과 손톱을 항상 깨끗이 하고 있는지 스스로 점검해 보아라. 이는 식사 후마다 반드시 신경 써야 할 일이다. 치아 관리 또한 매우 중요하다. 이를 제대로 닦지 않으면 고통스러운 치통을 겪게 될 뿐 아니라, 불쾌한 냄새로 주위 사람들에게까지 실례를 끼치게 된다.

너는 다행히도 좋은 치아를 타고난 듯하지만, 나는 젊었을 때 이를 소홀히 관리한 탓에 지금은 많이 후회하고 있다. 식사 후마다 따뜻한 물과 부드러운 칫솔로 4~5분 정도 정성껏 닦고, 하루에도 여러 차례 양치하는 습관을 들여라. 치열에 대해서도 그곳에 명성이 높은 전문가가 있다고 들었다. 가능한 한 빨리 찾아가, 이상적인 상태로 관리받도록 해라.

10
표정을 연마하면
마음도 저절로 연마된다

보통 사람은 자신의 용모에 조금이라도 만족스럽지 않은 점이 있으면, 그것을 숨기거나 보완하려고 애쓴다. 타고난 외모가 뛰어나지 않다고 느끼는 사람일수록 그 노력은 더욱 절실하다. 조금이라도 좋게 보이기 위해 행동을 고상하게 하려 하고, 상냥한 미소를 연습하며, 때로는 눈물겨울 만큼 애를 쓰기도 한다.

내가 아는 한 젊은이는 국회의원으로 처음 선출되었을 때, 자기 방에서 거울을 보며 표정과 동작을 연습하다가 들켜 한동안 웃음거리가 된 적이 있다. 그러나 나는 그를 비웃을 수 없었다. 오히려 그는 그를 조롱하던 사람들보다 훨씬 사리 판단이 분명한 인물이라고 느꼈다. 그는 공공장소에서 표정과 몸짓이 얼마나 큰 영향을 미치는지를 알고 있었던 것이다.

항상 눈가에는 부드럽고 상냥한 기색이 머물도록 해라. 전체적으로는 미소를 머금은 듯한 표정이 좋다. 훌륭한 수도사의 얼굴을 떠올려 보아도 좋겠다. 선의와 자애가 배어 있으면서도, 가벼움이 아닌 엄숙함과 열의가 함께 담긴 표정은 사람의 마음을 자연스럽게 끌어당긴다.

물론 표정만 좋다고 해서 모든 것이 해결되는 것은 아니다. 그러나 사람의 마음은 대개 얼굴과 함께 움직인다. 마음이 어느 정도 단정해져 있기 때문에 표정이 그렇게 만들어지는 것이고, 바로 그 점이 사람들에게 호감을 주는 이유다. 표정을 가다듬는 일은 단순한 외모 관리가 아니라, 자기 마음을 다스리는 가장 현실적인 훈련임을 잊지 마라.

글을 읽는 것은 집안을 일으키는 근본이며,
도리를 따르는 것은 집안을 지키는 근본이다.
근검은 집안을 다스리는 근본이고,
온화하고 유순한 표정은 집안을 바로 세우는 근본이다.

-명심보감

남에게
호감을 살 수 있도록 노력해라

바로 지금이야말로 너라는 건축물에 아름다운 장식을 더해야 할 때다. 지금 몸에 익히지 못하면 그것은 평생 익히기 어렵다. 그러므로 다른 일들은 잠시 뒤로 미루고, 지금은 이 일에 집중해야 한다. 튼튼한 골조 위에 매력적인 장식이 더해질 때, 비로소 하나의 완성된 건축물이 되는 법이다.

내가 이런 편지를 써서 너에게 외면을 가꾸고 장식을 더하라고 거듭 타이르고 있다는 사실을 알게 된다면, 융통성 없는 사람이나 세상을 등진 현학적인 사람들은 못마땅한 표정을 지을지도 모른다. 그들은 아마 이렇게 말할 것이다.

"아버지가 자식에게 줄 수 있는 가르침이라면 이보다 더 고상한 것이 얼마든지 있지 않겠습니까?"

아마 그들의 사전에는 '남에게 호감을 준다.'라는 말 자체가 없을 것이다. 그러나 현실에서는 분명히 이 말이 존재한다. 사람들이 이 표현을 사용한다는 사실은, 그만큼 '호감을 산다.'라는 일이 삶에서 중요한 가치이며, 많은 이들이 그것을 의식하고, 원하고, 또 필요로 하고 있다는 증거다. 그러므로 이 문제를 가볍게 여기거나, 천박한 일처럼 웃어넘겨서는 안 된다.

12
예의범절에 대해서

평소 늘 생각해 오던 일이지만, 세상의 젊은이들 가운데 유난히 예의 없고 보기 흉한 사람이 많은 이유는 대체로 두 가지 중 하나다. 부모가 예의범절을 가볍게 여기고 있거나, 아예 그런 문제에 아무런 관심도 두지 않았기 때문이다.

그들은 자식에게 기초 교육도 시키고, 대학교육도 시키며, 때로는 유학까지 보낸다. 그러나 정작 중요한 것은 놓치고 있다. 자식에게 무관심하거나 부주의하고, 각 교육 과정 속에서 자식이 어떻게 성장하고 있는지를 관찰하지 않는다. 설령 관찰했다 하더라도, 그 내용을 판단하고 바로잡으려는 노력을 하지 않은 채 속절없이 시간을 흘려보낸다.

그 결과 그런 젊은이들은 학교를 다니고 교육을 받았음에도 불구하고 제대로 성장하지 못한다. 학창 시절에 몸에 밴 어린아이 같은 장난을 버리지 못하고, 대학에서 익힌 편협한 태도를 고치지 않으며, 유학 중에 생긴 거만한 자세를 그대로 유지한다. 이런 문제는 부모가 지적해 주지 않으면 달리 바로잡아 줄 사람이 거의 없다.

앞에서도 여러 번 말했듯이, 자식의 예의범절이나 사람을 대하는 태도를 두고 솔직하게 말해 줄 수 있는 사람은 결국 아버지뿐이다. 이 사실은 자식이 어른이 된 이후에도 달라지지 않는다.

너는 그런 점에서 다행이다. 너에게는 나처럼 충실하고 우호적이며, 눈이 밝은 감시자가 있다. 나의 눈을 속일 수는 없다. 네게 결점이 있으면 나는 그것을 빠르게 발견해 고치도록 말할 것이고, 장점이 있으면 역시 재빨리 알아보고 기꺼이 칭찬할 것이다. 이것이 바로 부모로서 내가 짊어진 책임이자, 내가 결코 내려놓지 않을 임무라고 생각한다.

집안에 예의가 있으면

어른과 아이의 분별이 서고,

가정에 예의가 있으면

집안이 화목해진다.

조정에 예의가 있으면

벼슬에 차례가 바로 서고,

사냥에 예의가 있으면

병사는 숙련되며,

군대에 예의가 있으면

마침내 무공이 이루어진다.

－공자

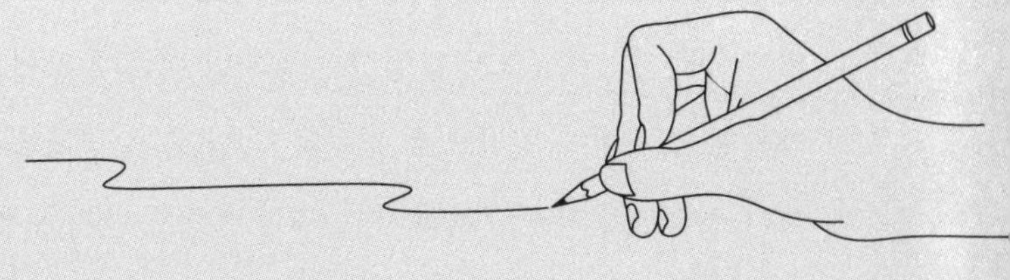

13
언행은 부드럽게,
의지는 굳건하게

아들아, 예전에 편지에서 이미 이 말을 전하며 늘 기억하고 실천하 길 바란다고 쓴 적이 있다. 바로 '언행은 부드럽게, 의지는 굳건하게'라 는 말이다. 나는 이 문장만큼 인생의 거의 모든 상황에 적용할 수 있는 원칙도 드물다고 생각한다. 오늘은 나이 든 설교사가 된 셈 치고, 이 말의 의미를 차분히 풀어 보려 한다.

이 문장은 두 가지 요소로 이루어져 있다. 먼저 언행은 부드럽게라 는 뜻부터 살펴보자. 언행은 부드럽지만 의지가 굳지 못한 사람은 어 떻게 되는가. 그는 그저 붙임성은 좋지만 비굴해 보이기 쉽고, 마음이 약하며 소극적인 인간으로 전락하기 쉽다. 누구에게나 맞추려 하다 보니 스스로의 기준이 사라지고, 결국 존중도 받지 못한다.

반대로 의지는 굳세지만 언행이 부드럽지 못한 사람은 어떠한가. 그런 사람은 용맹하다기보다 거칠고 사나운 인상만 남긴다. 힘으로 밀어붙이기만 하는 저돌적인 인간이 되어, 처음에는 통하는 것처럼 보일지 몰라도 오래가지 못한다.

사실 두 가지를 모두 갖추는 것이 가장 이상적이지만, 현실에서는 드문 일이다. 의지가 강한 사람들 가운데에는 혈기가 왕성한 경우가 많아, 부드러움을 연약함으로 오해하고 무엇이든 힘으로 해결하려 한다. 이런 사람은 내성적이고 소심한 상대에게는 통할지 모르나, 그렇지 않은 사람을 만나면 곧 반감과 분노를 사서 목적을 이루지 못한다.

한편 언행이 부드러운 사람들 가운데에는 교활한 유형도 적지 않다. 이들은 부드러운 태도만으로 모든 것을 얻으려 하며, 상황에 따라 얼마든지 얼굴을 바꾸는, 이른바 팔방미인이 된다. 마치 자기 의지란 없는 것처럼 임기응변으로 상대에 맞추지만, 이런 태도는 어리석은 사람은 속일 수 있어도 분별 있는 사람은 결코 속일 수 없다.

언행이 부드럽고 의지가 굳센 사람, 이 두 가지를 함께 지닌 사람은 강압적인 인간도 아니고, 교활한 팔방미인도 아니다. 그는 단지 현명한 사람일 뿐이다. 부드러운 태도로 사람을 대하되, 결정해야 할 순간에는 흔들리지 않는 중심을 지닌 사람이다. 이런 사람만이 오래도록 신뢰받고, 결국 원하는 바를 이루게 된다.

기억해라, 아들아.

부드러움은 관계를 열고, 굳건함은 방향을 지킨다.

이 두 가지를 함께 지킬 수 있을 때, 너는 어떤 상황에서도 품위와 힘을 동시에 갖추게 될 것이다.

14

의지가 강할수록
부드러움으로 감싸라

그렇다면 이 두 가지를 겸비했을 때 어떤 이점이 있을까. 남에게 명령을 내려야 하는 상황에서 공손한 태도로 말하면, 그 명령은 기분 좋게 받아들여지고 자발적으로 실행된다. 반대로 무턱대고 강압적으로 명령하면, 겉으로는 따르는 듯해도 마음은 이미 멀어져 명령이 대충 수행되거나 중도에서 방치되기 쉽다. 예컨대 내가 부하에게 "술을 한 잔 가져와."라고 거칠게 말한다면, 그가 술을 가져오는 동안 내 옷에 술을 엎질러도 나는 불평할 자격이 없다. 그런 결과를 자초한 것이기 때문이다.

물론 명령을 내릴 때에는 냉정하고 강력한 의지를 보여 주어야 할 순간도 있다. 그러나 그 의지를 부드러움으로 감싸야 한다는 점을 잊어서는 안 된다. 상대가 불필요한 열등감을 느끼지 않도록 배려하며, 기분 좋게 명령에 따를 수 있도록 만드는 것이 진짜 능력이다.

이 원칙은 네가 윗사람에게 무엇인가를 부탁할 때나, 정당한 권리를 요구할 때도 그대로 적용된다. 공손함을 잃으면, 본래부터 너의 요구를 거절하고 싶어 하던 사람에게 스스로 명분을 제공하는 꼴이 된다. 그렇다고 해서 부드러움만으로 일이 성취되는 것도 아니다. 끝까지 물러서지 않는 끈기와, 품위를 잃지 않는 집요함으로 의지가 얼마나 강한지를 행동으로 보여 주어야 한다.

부드러운 언행과 강인한 의지를 함께 지닌 사람은 멸시받지 않고 사랑받으며, 미움받지 않고 존경받는다. 이것이야말로 세상의 지혜로운 사람들이 한결같이 몸에 익히려 애써 온 위엄의 본질이다. 기억해라. 의지가 강할수록, 그 힘은 반드시 부드러움으로 감싸야 오래 간다.

15

양보와 융통성은
다르다

이제는 실천의 문제로 이야기해 보자. 감정이 격해져 사려 없거나 무례한 말이 무의식중에 튀어나올 것 같을 때에는, 즉시 자기 자신을 억제하고 태도를 부드럽게 가다듬어야 한다. 상대가 윗사람이든, 동등한 사람이든, 신분이 낮은 사람이든 그 원칙은 같다. 감정이 치밀어 오를 때에는 말을 멈추고, 진정될 때까지 침묵을 지키며 표정의 변화를 들키지 않도록 집중해라. 표정을 간파당하는 것은 협상과 인간관계에서 치명적인 약점이 된다.

그러나 이것이 곧 양보를 의미하는 것은 아니다. 더 이상 단 한 발자국도 물러설 수 없는 지점에서는 애교를 부리거나, 지나치게 상냥하게 굴거나, 상대의 비위를 맞추기 위해 아첨하는 짓을 해서는 안 된다. 융통성은 태도의 문제이지, 원칙을 허무는 행위가 아니다.

이 원칙은 친구나 지인과의 관계에서도 그대로 적용된다. 요지부

동의 의지를 지닌 사람은 결국 상대의 마음을 사로잡게 된다. 동시에 부드러운 언행은 상대의 적을 자기의 적으로 만들지 않게 해준다. 자기에게 적대적인 사람에게조차 부드러운 태도로 대하면, 그 마음은 서서히 풀리게 마련이다. 다만 그와 동시에, 이쪽의 의지가 얼마나 단단한지도 분명히 보여 주어야 한다. 자신에게는 분명히 분개할 만한 정당한 이유가 있으며, 그 행동이 감정이나 악의에서 나온 것이 아니라 사리 분별에 따른 정당한 대응임을 분명히 인식시키는 것이 중요하다.

기억해라, 아들아.

양보는 기준을 버리는 것이고, 융통성은 기준을 지키는 방식이다. 부드러움은 관계를 살리고, 굳건함은 스스로를 지킨다. 이 둘을 혼동하지 않는 사람이야말로 인간관계에서 가장 오래 살아남는다.

16
자기 생각을
관철시키는 비결

일에 관해 교섭할 때에는 언제나 의지가 얼마나 단단한지를 상대에게 느끼게 하는 것을 잊어서는 안 된다. 불가피하게 타협해야 할 순간이 오기 전까지는 한 발자국도 물러서지 말아야 하며, 섣부른 절충안 역시 쉽게 받아들여서는 안 된다. 정 그러해야 할 때가 오더라도, 순순히 물러서는 것이 아니라 저항하며 한 걸음씩 물러서야 한다. 그 과정에서도 태도만큼은 부드럽게 유지하여 상대의 마음을 붙잡아야 한다. 마음을 붙잡으면 이해를 얻을 수 있고, 이해가 쌓이면 결국 상대의 생각을 움직일 수 있다.

이처럼 '언행은 부드럽게, 의지는 굳건하게'라는 원칙을 처음부터 끝까지 지켜 나간다면, 대부분의 교섭은 성공적으로 마무리된다. 설령 완전한 승리를 거두지 못하더라도, 적어도 상대가 일방적으로 원하는 대로 흘러가게 두지는 않게 된다.

내가 말과 행동은 부드럽게 하라고 강조해 왔지만, 그것이 무기력하고 온순하기만 한 태도를 뜻하는 것은 아니다. 너도 이제는 이해하고 있을 것이다. 자기 의견은 분명히 말해야 하며, 다른 사람의 주장이 옳지 않다고 판단되면 그 점 역시 분명히 짚어 주어야 한다. 내가 문제 삼는 것은 무엇을 말하느냐가 아니라, 어떻게 말하느냐다.

의견을 표현할 때의 태도와 분위기, 사용하는 용어, 목소리와 발성까지도 부드럽고 상냥해야 한다. 억지로 꾸미거나 과장해서는 안 되며, 무엇보다 자연스러워야 한다. 연약해 보이는 말투라고 해서 설득력이 없는 것은 아니다. 오히려 북풍과 태양의 이야기처럼, 상대의 마음을 서서히 그러나 확실하게 움직이는 힘을 가진다.

토론은 가능하면 기분 좋게 끝나야 한다. 자신도 상처 입지 않았고, 상대의 인격을 해칠 의도도 없었다는 점을 태도로 분명히 보여 주어야 한다. 의견의 대립이 감정의 대립으로 바뀌는 순간, 사람과 사람 사이의 거리는 멀어진다.

결국 표정, 말하는 방식, 단어 선택, 목소리, 그리고 품위가 부드러울 때 '언행은 부드럽게'가 완성되고, 여기에 흔들리지 않는 강인한 의지가 더해질 때 비로소 위엄이 생긴다. 이 위엄이야말로 사람들의 마음을 움직이고, 끝내 자신의 생각을 관철시키는 가장 확실한 힘이다.

의문이 생겼을 때

사람은 흔히 지금까지 품어 온 의견에

스스로를 가두기 쉽다.

그러므로 먼저 마음속의 선입관을 씻어 내고,

새로운 의미를 다시 생각하려는 노력이 필요하다.

-근사록

제9장

아들에게 전하는 최고의 교훈

To my son,
as you Begin

1
강인하지 않으면
세상을 살아갈 수 없다

아들아, 다소 전략적으로 들릴지도 모르겠지만 세상에는 분명 세상을 살아가는 데 필요한 지혜라는 것이 있다. 그 지혜를 먼저 깨닫고, 먼저 실천에 옮기는 사람이 결국 더 많은 사람의 마음을 얻고, 한발 앞서 성공하게 된다.

젊은 사람들은 이런 말을 들으면 흔히 고개를 젓는다. 세상을 살아가는 요령을 두고 순수하지 못한 생각, 세상에 때 묻은 처세술이라고 여기며 본능적으로 거부하려는 경향이 있다. 그러나 나는 분명히 말해 두고 싶다. 지금 내가 너에게 전하려는 이야기들 가운데 상당수는, 훗날 네가 반드시 이렇게 말하게 될 것들이다.

"젊을 때 미리 알았더라면 얼마나 좋았을까."

강인함이란 남을 누르거나 거칠게 행동하는 힘이 아니다. 그것은 세상의 현실을 똑바로 바라보고, 흔들리지 않고 살아갈 수 있는 내면의 힘이다. 이 힘이 없으면 아무리 선한 뜻을 품고 있어도 세상에 휩쓸리기 쉽다. 그러니 이 장에서는 꾸밈없는 이상보다, 현실 속에서 반드시 필요한 강인함에 대해 이야기해 보려 한다. 이것이야말로 내가 아들에게 전하고 싶은 최고의 교훈이다.

세상을 살아가는 지혜를 알고
먼저 실천해라

살아가는 지혜의 근본은 무엇보다도 자신의 감정을 겉으로 드러내지 않는 것이다. 말이나 동작, 표정에서 마음이 흔들리고 있다는 사실을 상대에게 간파당하지 않는 것이 중요하다. 일단 그것이 드러나는 순간, 일의 주도권은 능숙하고 냉정한 상대의 손으로 넘어가게 된다. 이것은 직장이나 협상의 자리에서만 해당되는 말이 아니다. 일상의 사소한 인간관계에서도 언제든지 같은 일이 벌어질 수 있다.

싫은 말을 들었다고 노골적으로 화를 내거나 표정을 바꾸는 사람, 기쁜 말을 들었다고 지나치게 흥분하며 얼굴빛이 풀어지는 사람은 교활한 인간이나 주제넘게 뽐내는 사람의 좋은 표적이 되기 쉽다. 그런 사람들은 상대의 반응을 통해 마음의 상태를 읽어 내고, 평소라면 결코 입 밖에 내지 않았을 말이나 비밀을 끌어내려 한다.

교활한 인간은 의도적으로 화를 유발하는 말이나 기쁨을 자극하는 말을 던지며 반응을 살핀다. 상대가 감정을 드러내는 순간을 놓치지 않고, 그 틈을 이용해 자신에게 유리한 정보를 얻어낸다. 주제넘게 뽐내는 사람 역시 비슷한 행동을 한다. 다만 차이가 있다면, 교활한 인간은 그것을 철저히 자신의 이익으로 삼는 반면, 뽐내는 사람은 자기도 모르는 사이에 같은 행동을 하면서도 결과적으로는 주위 사람들의 이익에 봉사하고 만다는 점이다.

그러니 기억해라, 아들아. 감정을 숨긴다는 것은 비겁함이 아니라 자신을 지키는 기술이다. 세상의 흐름을 먼저 읽고, 그 위에 서서 침착하게 행동할 수 있는 사람이 결국 주도권을 쥔다. 이 지혜를 알고도 실천하지 않는다면 아무 소용이 없다. 알았다면 반드시 먼저 실천해라. 그것이 세상을 살아가는 사람의 진짜 힘이다.

3
자신의 성격을 변명으로
이용하지 마라

냉정한 사람과 그렇지 않은 사람이 있는 것은 사실이며, 그것이 어느 정도는 타고난 성격의 차이일 수도 있다. 그래서 어떤 이는 이렇게 반문할지도 모르겠다.

"냉정하지 못한 것이 성격이라면, 그것을 의지로 어떻게 바꿀 수 있겠는가?"

분명 성격의 영향은 있다. 그러나 우리는 지나치게 많은 것을 성격 탓으로 돌리며 스스로를 변명하고 있는 경우가 적지 않다.

나는 마음먹고 노력한다면, 성격이라 불리는 많은 부분을 충분히 개선할 수 있다고 믿는다. 사람들은 대개 이성보다 성격을 앞세우는 습관에 익숙해 있을 뿐이지, 의식적으로 훈련한다면 이성으로 성격을 억제하는 태도 역시 몸에 익힐 수 있다. 이것은 타고나는 문제가 아니라 반복과 훈련의 문제다.

만약 감정이 갑자기 치솟아 도저히 억제할 수 없을 것 같을 때에는, 무엇보다 먼저 입을 다무는 것이 좋다. 감정이 가라앉을 때까지 말을 하지 말고, 표정 역시 가능한 한 평소와 다르지 않게 유지하도록 노력해라. 이런 태도를 평상시부터 명심하고 연습해 둔다면, 결정적인 순간에도 충분히 실천할 수 있다.

때로는 똑똑해 보이는 말, 재치 있는 말, 혹은 멋있게 들릴 말을 즉각 내뱉고 싶은 충동이 들 수도 있다. 그러나 그런 말들은 잠깐의 찬사를 얻을 수는 있을지 몰라도, 오래도록 호의를 남기지는 않는다. 오히려 불필요한 적을 만들 뿐이다.

반대로 누군가가 너를 빈정대거나 조롱하는 말을 던졌을 때 가장 현명한 대응은 못 들은 척하는 것이다. 만약 이미 들은 상황이라 그냥 넘길 수 없다면, 그들과 함께 웃으며 상대의 말을 인정해 주고 '재치 있는 비유'라며 부드럽게 받아넘겨라. 어떤 경우에도 같은 방식으로 맞받아치는 일은 피해야 한다. 그렇게 반격하는 순간, 너 스스로 상처를 입었다는 사실을 공표하는 셈이 되어, 지금까지 쌓아 온 노력마저 허사가 되고 만다.

기억해라, 아들아.

성격은 변명이 될 수 없다. 성격을 핑계로 삼는 순간, 너는 스스로를 통제할 힘을 내려놓게 된다. 세상을 살아가는 사람에게 필요한 것은 타고난 성격이 아니라, 성격을 다루는 능력이다.

4

속마음을 간파당해서는
좋은 일을 할 수 없다

무슨 일이든 교섭을 할 때, 의외로 가장 상대하기 쉬운 인물은 혈기 왕성한 사람이다. 감정이 앞서는 사람은 사소한 자극에도 마음이 흔들려 말이나 표정에 본심을 드러내기 쉽기 때문이다. 이런 인물을 상대할 때에는 말을 곧이곧대로 믿기보다 표정과 태도를 유심히 관찰해 보아라. 조금만 주의 깊게 살피면 그의 진의는 자연히 드러난다.

비즈니스 세계에서 성공의 열쇠는 상대의 속마음을 읽을 수 있느냐에 달려 있다. 반대로 말하면, 자신의 감정과 의도를 숨기지 못하는 사람은 감정을 통제할 수 있는 사람의 손아귀에서 벗어나기 어렵다. 모든 조건이 대등한 상황에서도 그러한데, 상대가 노련하고 능수능란하다면 승산은 더욱 줄어든다.

옛 격언에 이런 말이 있다.

"속마음을 간파당해서는 사람을 제압할 수 없다."

나는 이 말을 한 걸음 더 나아가 이렇게 말하고 싶다. 속마음을 간파당해서는 일 자체를 성취할 수 없다고.

여기서 반드시 구분해야 할 점이 있다. 겉으로 시치미를 떼는 행위라도, 속마음을 간파당하지 않기 위해 감정을 다스리는 것과 상대를 속이기 위해 감정을 숨기는 것은 전혀 다른 문제다. 후자는 분명히 잘못된 일이다. 사람을 속이기 위해 감정을 감추는 행위는 도덕에도 어긋나며, 비열한 술수에 불과하다.

베이컨 경은 이를 다음과 같이 표현했다.

"속마음을 들키지 않기 위해 감정을 감추는 것은 카드 게임에서 패를 보이지 않는 것과 같다. 그러나 상대를 속이기 위해 감정을 감추는 것은 상대의 패를 훔쳐보는 것과 다름없다."

정치가 볼링브로크 역시 비슷한 말을 남겼다.

"남을 속이기 위해 감정을 감추는 것은 단검을 휘두르는 행위와 같다. 단검에는 어떤 명분도 변명이 통하지 않는다."

속마음을 간파당하지 않기 위해 감정을 절제하는 것은 방패를 드는 일이며, 기밀을 지키는 것은 갑옷을 입는 것과 같다. 일을 하다 보면 어느 정도 감정을 감추지 않고서는 기밀을 지킬 수 없고, 기밀을 지키지 못하면 모든 일이 꼬이기 마련이다. 이는 마치 귀금속에 합금을 섞어 주화를 만드는 것과 같다. 합금이 조금 들어가야 형태를 유지할 수 있지만, 지나치면 주화는 가치를 잃고 주조자의 신용도 함께 무너진다.

마음속에 감정의 폭풍이 아무리 거세게 일어도, 그것을 얼굴이나 말에 드러내지 않도록 스스로를 단련해야 한다. 완전히 감정을 통제하는 일은 분명 쉽지 않다. 그러나 불가능한 일도 아니다. 지성 있는 인간은 무모한 일에는 도전하지 않지만, 아무리 어려워도 추구할 가치가 있는 일이라면 두 배의 노력을 들여서라도 끝내 이루어낸다.

아들아, 너 역시 그 길을 택하기 바란다.

자기의 지성을 강화하는 유일한 수단은
편견을 버리는 일이다.
곧 마음을 모든 사상이 자유롭게 오갈 수 있는
큰길로 만드는 것이다.

-존 키츠

5

선의의 거짓말을
적절히 이용해라

모르는 척하는 일은 때로 매우 유용한 지혜가 된다. 개인적인 사정이나 좋지 않은 소문을 듣게 되었을 때, 아무리 여러 차례 반복해 들었더라도 처음 듣는 것처럼 행동하는 편이 훨씬 현명할 수 있다. 이런 문제에 대해 아는 척을 하는 순간, 말하는 사람뿐 아니라 듣는 사람까지도 똑같이 가볍게 보이기 쉽기 때문이다.

섣불리 아는 체하지 않으면 오히려 뜻밖의 기회가 생긴다. 정말로 몰랐던 중요한 정보를 더 정확하고 온전한 형태로 듣게 되는 경우도 있다. 실제로 이는 정보를 수집하는 데 있어 가장 효과적인 방법 중 하나이기도 하다. 침묵과 무지는 때로 말보다 많은 것을 얻어 준다.

아킬레우스도 싸움터에 나갈 때는 완전 무장을 했다

대부분의 인간은 아무리 사소한 일이라도, 단 한 순간만이라도 우위에 서서 허영심을 만족시키고 싶어 한다. 그래서 본래 말해서는 안 되는 일임에도, 상대가 모르는 사실을 자신이 알고 있다는 것을 과시하고 싶은 마음에 그만 입을 잘못 여는 경우가 생긴다.

누군가 네게 그런 이야기를 할 때, 모르는 척하며 시치미를 떼면 얻을 수 있는 이점이 있다. 하나는 정보를 자연스럽게 얻을 수 있다는 점이고, 또 하나는 상대가 너를 정보 수집에 무관심한 인물로 여기게 된다는 점이다. 그렇게 되면 상대는 너를 음모나 계략과는 무관한 사람으로 판단하고 경계를 풀게 된다.

그러나 정보 자체는 반드시 수집해야 한다. 다만 어설프게 들은 정보는 그대로 믿지 말고, 반드시 확인하고 조사해야 한다. 정보를 얻을 때 처음부터 끝까지 귀를 곤두세우거나 노골적으로 질문을 던지는 것은 현명한 방법이 아니다. 그런 태도는 상대의 경계를 부르고, 결국 피상적인 이야기만 반복해서 듣게 만들 뿐이다.

때로는 모르는 척하는 것과 반대로, 모든 것을 이미 알고 있는 듯한 태도가 효과를 발휘할 때도 있다. 어떤 사람은 친절하게 아는 것을 모두 설명해 주고, 어떤 사람은 "이런 이야기는 들었는지 모르겠지만……" 하며 더 깊은 이야기를 꺼내 놓는다. 심지어 "그 밖에 또 모르는 건 없어?"라며 스스로 정보를 보태 주기도 한다.

이러한 생활의 지혜를 능숙하게 활용하기 위해서는, 언제나 자신과 자신의 처지를 냉정하게 살필 수 있어야 한다. 감정에 휘둘리거나 방심해서는 안 된다.

무적의 영웅이었던 아킬레우스조차도 싸움터에 나설 때는 반드시 완전 무장을 했다. 사회 역시 너에게는 싸움터와 다름없다. 항상 완전한 무장을 갖추고, 자신의 약점에는 갑옷을 한 겹 더 덧입힐 정도의 경계심을 가져라. 사소한 부주의와 한순간의 방심이, 돌이킬 수 없는 치명상을 남길 수 있다.

절대로 비난받지 않는 유일한 거짓말은
타인을 해치지 않고
오직 자기 자신을 지키기 위해 하는 거짓말이다.

-오스카 와일드

6

사회에서는
인맥도 능력이다

이 편지는 네가 몽펠리에에 머무르는 동안 도착할 것이다. 몽펠리에에 계신 하트 씨의 병세가 완쾌되어 크리스마스 전에는 파리에 도착하시기를 기도하고 있다. 파리에 오게 되면 꼭 너에게 소개하고 싶은 분이 두 분 있다. 두 사람 모두 영국인이며, 네가 반드시 주목하고 가까이 지내야 할 인물들이다.

먼저 한 분은 여성이다. 그렇다고 이성적인 관계를 맺으라는 뜻은 아니다. 그 문제에 대해서는 내가 관여할 생각도 없다. 게다가 그분은 이미 오십을 넘긴 연세이다. 이전에 디종까지 가서 인사드리라고 했던 하비 부인이다. 다행히도 이번 겨울은 파리에서 지내신다고 한다.

하비 부인은 궁정에서 태어나 궁정에서 자란 분으로, 궁정의 허례허식은 덜어내고 그 핵심인 예의, 품위, 친절함만을 몸에 지니고 있다. 식견 또한 깊어, 여성으로서 읽어야 할 책은 거의 모두 섭렵했고 라틴어 역시 자유자재로 구사한다. 무엇보다도 너를 자식처럼 아껴 주실 분이다. 너는 그분을 나의 대리인이라 생각하고, 생활 전반에 걸쳐 조언을 구하고 의지해도 좋다. 유럽 어디를 찾아보아도 그만한 인물을 다시 찾기 어렵다고 나는 확신한다.

하비 부인께 편지를 쓰는 법, 말하는 태도, 예절과 처신에서 부족한 점이 있으면 그때마다 지적해 달라고 정중히 부탁해라. 그 역할을 이보다 더 잘해 낼 수 있는 분은 없을 것이다.

또 한 사람은 네가 이미 안면이 있는 헌팅던 백작이다. 나는 그를 너 다음으로 애정을 쏟고 있는 인물이며, 그는 나를 양아버지처럼 따르고 있다. 탁월한 자질과 폭넓은 지식, 그리고 인품까지 갖춘 청년으로, 나라 안에서도 손꼽을 만한 인재라고 생각한다.

이러한 인물과 친숙하게 교제하는 것은 언젠가 반드시 큰 자산이 된다. 그 역시 나의 뜻을 알고 너와 가까이 지낼 생각을 하고 있다. 너를 위해서라도 이 두 사람과의 관계를 단단히 쌓고, 그 인연의 가치를 스스로 키워 나가기를 바란다. 나는 네가 충분히 그렇게 해낼 수 있으리라 믿는다.

7

두 가지의 친분을
슬기롭게 이용해라

이 사회에서 연고 관계는 반드시 필요하다. 신중하게 관계를 맺고, 그것을 오래 유지할 수 있다면 그 인연은 분명한 힘이 된다. 중요한 것은 아무 관계나 붙잡는 것이 아니라, 관계의 성격을 분별하고 그에 맞게 행동하는 일이다. 친분 관계에는 크게 두 가지가 있으며, 너는 그 차이를 항상 의식하며 처신해야 한다.

첫째는 대등한 연고 관계이다.

이것은 자질과 역량이 비슷한 두 사람이 맺는 상호적인 관계로, 비교적 자유로운 교류와 정보 교환이 이루어진다. 이 관계는 서로의 능력을 인정하고, 상대가 자발적으로 힘을 보태 줄 것이라는 신뢰가 없으면 성립되지 않는다. 그 바탕에는 존경이 있다. 설령 이해관계가 충돌하는 순간이 오더라도, 관계 자체가 쉽게 깨지지 않는 이유는 상호 의존이 이미 형성되어 있기 때문이다. 이런 경우에는 조금씩 양보하며 조정한 끝에 결국 합의에 이르고, 행동을 함께하게 된다.

내가 헌팅던 백작과 너 사이에 기대하고 있는 관계가 바로 이것이다. 두 사람은 거의 같은 시기에 사회로 나아간다. 만약 그때 네 능력과 집중력이 그와 대등한 수준에 이른다면, 너희는 또 다른 유능한 젊은이들과 손을 잡아 행정기관조차 함부로 무시할 수 없는 집단을 형성할 수 있을 것이다. 그렇게 된다면 경쟁이 아니라 동반 성장이 가능해진다.

둘째는 대등하지 않은 연고 관계이다.

한쪽은 지위나 재산을 가지고 있고, 다른 한쪽은 소질과 능력을 지니고 있는 경우다. 이 관계에서는 은혜를 받는 쪽이 정해져 있으며, 그 은혜는 대개 노골적으로 드러나지 않고 교묘하게 감추어진다. 은혜를 받는 쪽은 상대의 비위를 맞추고, 자존심을 억누르며 우월감을 견뎌야 한다. 반면 은혜를 베푸는 쪽은 자신이 상대를 지배하고 있다고 믿지만, 실제로는 상대의 계산 속에서 움직이고 있는 경우도 적지 않다.

이런 관계는 교묘하게 다루기만 하면 한쪽에 큰 이익을 안겨 주기도 한다. 그래서 사회 곳곳에서 흔히 볼 수 있으며, 나 역시 너에게 이미 비슷한 사례를 여러 차례 이야기해 준 적이 있다. 그만큼 이 한쪽으로 기울어진 관계는 일반적이고, 또 위험하기도 하다.

그러므로 너는 언제나 묻고 또 따져야 한다.

지금 맺고 있는 이 인연이 대등한 관계인지, 아니면 한쪽으로 기울어진 관계인지를. 그것을 분별하지 못하면, 인맥은 자산이 아니라 족쇄가 된다.

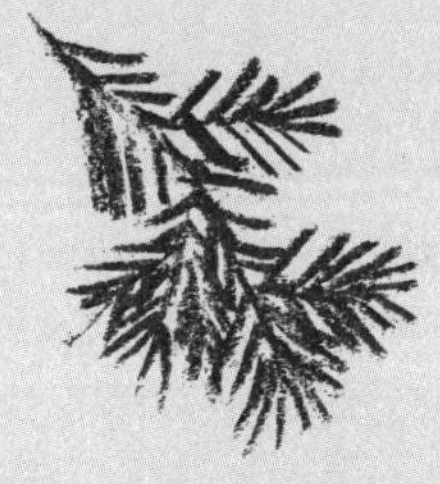

평소에 공손하고,

일을 함에 신중하며,

사람을 대함에 진실하다면,

비록 오랑캐의 땅에 간다 하더라도

결코 버림받지 않을 것이다.

-공자

8
라이벌을 뛰어넘을 방법을
연구해라

자기가 싫어하는 사람을 사려 깊은 태도로 대하는 방법을 알아두는 것은 무엇보다 중요하다. 그러나 그것을 머리로 알고 있다고 해서 실제로 실천하기란 젊은이들에게 쉽지 않다. 사소한 일에도 감정이 앞서 흥분하고, 직장이나 연애에서 자기 생각을 비판하는 말을 들으면 곧바로 상대를 미워하게 되기 때문이다.

젊은이들에게 라이벌은 종종 적과 다름없는 존재로 보인다. 라이벌이 눈앞에 나타나면 아무리 노력해도 태도가 어색해지고 냉담해지며, 대개는 무례해지기 쉽다. 어떻게든 상대를 넘어뜨릴 생각만 앞서는 것이다. 그러나 이것은 대단히 어리석은 행동이다. 상대에게도 일이나 사랑을 선택할 권리는 있으며, 라이벌을 적대한다고 해서 자신의 바람이 이루어지는 것은 아니다.

오히려 그 반대의 일이 벌어지기 쉽다. 라이벌끼리 으르렁거리며 감정싸움을 벌이는 사이, 두 가지의 친분을 제삼자가 조용히 들어와 가장 중요한 것을 차지해 가는 경우도 적지 않다. 물론 일이나 연애는 그렇게 단순한 문제가 아니며, 어느 쪽도 쉽게 물러설 수 없는 미묘한 상황이라는 점은 이해한다. 그렇다 하더라도 결과가 어떻게 흘러갈지는 충분히 예상할 수 있다.

예를 들어 두 사람이 같은 상대를 두고 연적 관계에 있다고 해보자. 서로 노려보고, 불쾌한 얼굴로 외면하거나 험한 말을 주고받는다면 그 자리에 있던 사람들 모두가 불편함을 느낄 것이다. 당연히 그들이 사랑하는 대상 역시 마음이 상하게 된다. 그러나 이와 달리, 어느 한쪽이라도 진심과는 상관없이 겉으로만큼은 연적에게 상냥하고 자연스럽게 대한다면 상황은 달라진다.

상냥하게 행동하는 쪽은 여유 있고 자신감 있는 사람으로 보이고, 다른 한쪽은 상대적으로 초라해 보이게 된다. 그 결과 사랑받는 대상은 자연스럽게 상냥한 태도를 보인 쪽에 호감을 갖게 된다. 반대로 상냥함을 받지 못한 쪽은 그 태도를 오해하여 분노하고, 상대를 탓하게 되며, 그 과정에서 스스로 품위를 잃게 된다. 결국 관계는 더 멀어지고 만다.

기억해라, 아들아.

라이벌을 이기는 가장 확실한 방법은 공격하는 것이 아니라 품위와 여유로 상대를 압도하는 것이다. 감정을 드러내지 않고, 사려 깊은 태도를 유지하는 사람이 마지막에 웃게 된다.

9

좋은 라이벌의 존재는
일을 성공하게 하는 열쇠가 된다

일에서 마주치는 라이벌 역시 같은 원칙이 적용된다. 자신의 감정을 억제하고 겉으로 냉정을 유지할 수 있는 사람이 결국 라이벌을 이긴다. 프랑스 사람들이 즐겨 쓰는 말 가운데 '은근한 태도'라는 표현이 있다. 이는 연적이나 경쟁자에게 혐오와 적의를 노골적으로 드러내는 속 좁은 태도 대신, 오히려 더욱 상냥하고 품위 있게 대하라는 뜻이다.

이를 이해하기 위해 한 가지 실제 경험을 살펴보는 것이 도움이 될 것이다. 네덜란드 헤이그에서 오스트리아 계승 전쟁에 대한 전면 참전과 병력 규모를 두고 교섭을 마치고 돌아왔을 때의 일이다. 그곳에는 프랑스 편에 서서 네덜란드의 참전을 저지하려던 대수도원장이 있었는데, 그는 지혜롭고 성품이 온화하며 근면한 인물로 알려져 있었다. 정치적 입장은 달랐지만, 개인적으로는 존중할 만한 상대였기에 서로 깊이 사귈 수 없는 처지를 아쉽게 여겼다.

제삼자가 마련한 자리에서 처음 그를 만났을 때, 이렇게 말했다.

"국가 간에는 적대 관계에 있지만, 우리 개인이라면 그 경계를 넘어 교제할 수 있다고 생각합니다."

그러자 대수도원장도 정중하게 같은 뜻을 밝혔다. 이틀 뒤, 암스테르담 의회에 나가 보니 그가 이미 자리에 나와 있었다. 그때 대의원들에게 두 사람의 면식을 알리며 미소를 띠고 말했다.

"이 자리에 나의 오랜 숙적이 계신 것을 매우 유감스럽게 생각합니다. 이분의 능력은 이미 저에게 두려움을 느끼게 할 만큼 뛰어나기 때문입니다. 이런 상황에서 공정한 싸움이 되겠습니까? 부디 이분의 영향에 휘둘리지 마시고 오직 이 나라의 이익만을 판단해 주시기 바랍니다."

이 말에 참석자들은 웃음을 지었고, 대수도원장 역시 공개적인 존중과 찬사를 불쾌하게 여기지 않는 눈치였다. 얼마 지나지 않아 그는 자리를 떠났고, 그 후에도 설득은 계속되었다. 이전과 다름없이 차분했지만, 한층 진지한 태도로 오직 네덜란드의 국익만을 강조했다. 결국 목적은 달성되었다.

그 이후에도 대수도원장과의 관계는 변하지 않았다. 공식 석상에서도, 사적인 만남에서도 언제나 정중한 태도로 대했고 그의 안부를 묻는 일도 게을리하지 않았다. 경쟁자였지만 적으로 만들지는 않았기 때문이다.

좋은 라이벌은 일을 망치는 존재가 아니라, 오히려 일을 성공으로 이끄는 열쇠가 된다. 감정으로 맞서지 않고 품위로 대응할 수 있을 때, 경쟁은 파괴가 아니라 성과로 이어진다.

10

라이벌에게도 항상 정중해라

성숙한 인간이 라이벌을 대하는 태도에는 크게 두 가지가 있다. 하나는 극도로 정중하고 상냥하게 대하는 것이고, 다른 하나는 필요할 경우 단호하게 굴복시키는 것이다. 만약 상대가 의도적으로 술수를 부리며 모욕과 경멸을 반복한다면, 주저하지 말고 단호하게 맞설 필요도 있다. 그러나 단순히 자존심이 상하거나 마음의 불편함을 느낀 정도라면, 겉으로는 끝까지 예의를 지키는 편이 훨씬 현명하다. 그것이 감정적인 반격보다 훨씬 강력한 대응이 되며, 결과적으로는 자신을 위한 선택이 된다.

이 태도는 상대를 속이기 위한 것이 아니다. 상대의 인격을 존중해서도 아니고, 친구가 되기 위해서도 아니다. 그런 인물과는 애초에 깊은 관계를 맺지 않는 것이 바람직하다. 다만 공적인 자리에서 무례함으로 분위기를 흐리는 사람에게조차 예의를 유지한다면, 그 행동은 비난의 대상이 되지 않는다. 오히려 주변 사람들은 그를 상황을 원만히

수습하려는 사람으로 인식할 것이다. 사회에는 개인적인 질투나 감정으로 공동의 자리를 어지럽히지 말아야 한다는 암묵적인 규칙이 존재한다. 이를 태연히 어기는 사람은 결국 신뢰를 잃고 웃음거리가 되기 마련이다.

사회는 선의만으로 움직이지 않는다. 심술, 증오, 질투, 원한이 뒤엉켜 있고, 노력보다 결과만을 가로채려는 교활한 인간도 적지 않다. 오늘의 동지가 내일의 적이 되기도 하고, 적이었던 사람이 어느 순간 협력자가 되기도 한다. 흥망성쇠 또한 한순간에 뒤바뀐다. 이런 환경 속에서 살아남기 위해서는 능력만으로는 부족하다. 예의 바름과 부드러운 언행처럼 겉보기에는 실질과 무관해 보이는 태도들이 오히려 강력한 보호막이 된다.

그러므로 마음속에 미움이나 경계심이 있더라도 겉으로는 상냥함과 품위를 유지하며 신중하게 행동해야 한다. 감정은 숨기되 태도는 흐트러뜨리지 않는 것, 그것이 라이벌 앞에서 자신을 지키는 가장 안전하고도 강한 자세다.

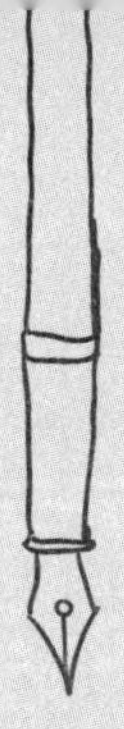

　그대에게 죄를 지은 사람이 있거든, 그가 누구이든 그것을 마음에 붙들어 두지 말고 잊어버려라. 그리고 용서하라. 그 순간, 그대는 용서한다는 것이 얼마나 큰 자유이며 행복인지를 알게 될 것이다. 인간에게는 타인을 단죄할 권리가 없다. 우리가 할 수 있는 것은 이해하려 노력하는 일과, 미움 대신 침묵과 관용을 선택하는 일뿐이다.

-톨스토이

11
내 아들에게 주는
또 하나의 충고

이미 너는 사회인으로서 첫발을 내디뎠다. 언젠가 네가 크게 이루어내기를 나는 간절히 바라고 있다. 이 세계에서 가장 훌륭한 공부는 결국 실천이다. 그러나 실천만으로는 부족하다. 언제나 모든 일에 대한 배려와 집중력이 함께해야 한다.

이제 편지 쓰는 일을 예로 들어, 지금까지 너에게 해 온 조언을 한데 모아 정리하고자 한다. 언뜻 보면 사소한 일처럼 보일지 모르지만, 편지를 쓰는 일에는 사회인이 반드시 갖추어야 할 상식과 태도가 고스란히 담겨 있다. 말의 선택, 표현의 절제, 상대에 대한 배려, 책임감 있는 태도까지—모두가 이 작은 행위 안에 응축되어 있다.

그러니 이 마지막 충고를 가볍게 넘기지 말고, 차분히 듣고 마음에 새겨 실천해 주기 바란다. 사소한 일을 어떻게 다루는지가 결국 큰일을 대하는 너의 자세를 결정하게 될 것이기 때문이다.

12

편지에도
정성을 다해 품격을 담아라

먼저 비즈니스 편지를 쓸 때 가장 중요한 것은 명확함이다. 세상에서 가장 이해력이 부족한 사람이 읽더라도 뜻을 오해하지 않고, 다시 읽을 필요가 없을 만큼 분명하게 써야 한다. 이를 위해서는 무엇보다 정확성이 필요하며, 여기에 품위까지 갖추어진다면 더 바랄 것이 없다.

비즈니스 편지에 개인적인 편지에서 쓰는 은유나 비유, 대조법, 경구 같은 표현을 섞는 것은 어울리지 않는다. 상대가 좋아할 법한 표현을 쓰고 싶은 유혹이 들더라도, 차라리 담백하고 산뜻하며 구석구석까지 배려가 느껴지는 문장이 훨씬 바람직하다. 복장에 비유하자면 정장은 늘 좋은 인상을 주지만, 지나치게 화려하거나 단정하지 못하면 오히려 신뢰를 해치는 것과 같다.

편지를 다 쓴 뒤에는 반드시 제삼자의 눈으로 다시 읽어 보아라.

상대가 다른 의미로 받아들일 여지가 있는 표현은 없는지 점검해야 한다. 특히 대명사나 지시 명사 사용에는 특히 주의해야 한다. '그것', '이것', '본인' 같은 표현이 오해를 부를 수 있다면, 다소 길어지더라도 '○○ 씨', '△△의 건'처럼 분명하게 밝혀 쓰는 편이 낫다.

비즈니스 편지라고 해서 정중함이나 예의를 생략해도 되는 것은 아니다. 오히려 "귀하를 알게 되어 영광입니다.", "저의 의견을 말씀드리자면"과 같이 기본적인 경의를 표현하는 문장은 반드시 필요하다. 해외에 있는 외교관들이 국내로 편지를 보낼 때, 윗사람이나 장차 협조를 구해야 할 인물에게 쓰는 경우가 많은 만큼, 이 점은 특히 신중해야 한다.

편지지를 접는 법, 봉하는 법, 수신인의 이름과 주소를 적는 방식 같은 세부적인 부분에서도 그 사람의 인격은 그대로 드러난다. 이런 사소한 요소 하나가 좋은 인상을 남기기도 하고, 반대로 신뢰를 깎아먹기도 한다. 너는 아직 이런 점을 가볍게 여기는 듯하지만, 반드시 마음에 새겨 두어야 한다.

문체를 지나치게 꾸미는 것은 오히려 역효과를 낳는다. 간결하되 고상하고, 부드럽되 위엄이 느껴지는 문장이 가장 이상적이다. 문장의 길이 또한 중요하다. 너무 길면 핵심이 흐려지고, 너무 짧으면 성의 없어 보인다. 의미가 분명하게 전달될 정도의 길이를 유지해라. 그리고 맞춤법은 반드시 점검해야 한다. 사소한 실수 하나가 비웃음의 대상이 될 수 있다.

마지막으로 글씨에 관해서 한마디 하겠다. 네 글씨가 왜 그렇게 지저분한지 나는 도무지 이해할 수가 없다. 눈과 손을 제대로 사용할 수 있는 사람이라면, 최소한 단정한 글씨는 쓸 수 있어야 한다. 나로서는 네가 글씨 또한 지금보다 훨씬 정성 들여 쓰게 되기를 바랄 수밖에 없다.

기억해라, 아들아.

편지는 단순한 전달 수단이 아니다. 그 안에는 너의 사고, 태도, 품격이 고스란히 담긴다. 편지 한 장을 대하듯, 세상의 모든 일에도 같은 정성 들이기를 바란다.

13

모든 일에는
마무리가 중요한 법이다

그렇다고 해서 글을 쓸 때마다 한 자 한 자 지나치게 긴장하라는 뜻은 아니다. 사회인은 빠르면서도 단정하게, 자연스럽게 아름다운 글씨를 쓸 수 있어야 한다. 이를 가능하게 하는 것은 오직 반복된 연습뿐이다. 지금부터라도 글씨를 정성 들여 쓰는 습관을 몸에 익혀 두는 것이 좋다. 그러면 훗날 신분이 높은 사람에게 편지를 써야 할 상황이 오더라도, 글씨 같은 사소한 문제에 신경 쓰지 않고 오로지 내용에만 집중할 수 있을 것이다.

지금 네가 대처하고 있는 일들은 아직 크지 않다. 그러나 작은 일을 어떻게 마무리하느냐가, 앞으로 큰일을 맡길 수 있는 사람인지 아닌지를 가른다. 지금 이 사소한 일들을 성실하게 끝맺는 습관을 들여라. 머지않아 너에게도 더 크고 중요한 책임이 주어질 날이 올 것이다. 그때가 되었을 때, 작은 문제로 마음을 분산시키지 않도록 지금부터

차근차근 준비해 두어라.

모든 일에는 시작보다 마무리가 더 중요하다. 처음은 누구나 비슷하게 할 수 있지만, 끝까지 품위 있게 정리하는 사람은 드물다. 나는 네가 바로 그런 사람이 되기를 바란다, 내 사랑하는 아들아.

생명의 참된 자랑은

언제나 신선하고 기운찬 데에 있다.

사람은 일생을 살아가는 동안

완성되었다고 말할 수 있는 순간에 이르지 않는다.

-알랭

끝까지 읽은 너에게

아들아, 이 글을 끝까지 읽었다면 이제 너는 알 것이다. 인생에는 단번에 완성되는 답이 없다는 것을. 강인함도, 품위도, 사람의 마음을 얻는 기술도 하루아침에 생기지 않는다. 그것들은 모두 반복되는 선택과 태도 속에서 서서히 몸에 배는 것이다.

나는 너에게 많은 것을 요구하지 않았다. 다만 감정을 절제하라고 했고, 말을 아끼라고 했으며, 사람을 존중하라고 했다. 작고 사소해 보이는 것들이 결국 사람의 운명을 바꾼다는 사실을, 나는 너무 늦게 깨달았다. 너는 조금이라도 일찍 알기를 바랄 뿐이다.

이제부터는 네가 선택해야 한다. 부드러움을 무기로 삼을 것인지, 강인함을 방패로 삼을 것인지, 혹은 그 둘을 함께 지닐 것인지 말이다. 분명한 것은 하나다. 세상은 언제나 준비된 사람에게만 기회를 내민다는 사실이다.

이 편지들이 너의 인생을 대신 살아 주지는 못한다. 그러나 네가 흔들릴 때 중심을 잡는 데에는 도움이 될 것이다. 그것으로 충분하다. 언젠가 네가 또 다른 누군가에게 이런 말을 건넬 수 있는 사람이 된다면, 그때 나는 이 글의 역할을 다했다고 생각하겠다.

늘 너를 믿는다. 그리고 언제나 네 편이다.

아들아,
시간을 낭비하기에는
인생이 너무 짧다

이제 막 첫발을 내딛는 아들에게 전하는 인생 수업

초판 1쇄 인쇄 ｜ 2026년 2월 09일
초판 1쇄 발행 ｜ 2026년 2월 13일

지은이 ｜ 필립 체스터필드
편역자 ｜ 최한결
펴낸이 ｜ 최근봉
펴낸곳 ｜ 도서출판 넥스웍
출판사 등록번호 ｜ 제395-2014-000069호
주소 ｜ 경기도 고양시 덕양구 화신로272번길 29, 609호 (화정동)
전화 ｜ 031-972-9207
팩스 ｜ 031-972-9208

이메일 ｜ cntpchoi@naver.com

ISBN ｜ 979-11-88389-71-1 (13190)

값은 표지 뒷면에 표기되어 있습니다.
잘못된 책은 구입하신 서점에서 바꾸어 드립니다.